Op soek na nog ou Kampvure

Abel Botha

© Abel Botha 2014

Op soek na nog óú Kampvure

Uitgegee deur Abel Botha

Postnet Suite 459,

Privaatsak X4019,

Tzaneen, 0850

mwabelb@mweb.co.za

ISBN 978-0-620-64083-1

Alle regte voorbehou. Geen gedeelte van hierdie publikasie mag sonder verlof van die uitgewer gereproduseer of in enige vorm deur elektroniese of meganiese middel weergegee word nie, hetsy deur fotokopiëring, skrif of bandopname of deur ander stelsel vir inligtingsbewaring en -ontsluiting

Uitleg en publikasie fasilitering deur Boutique Books. Gedruk en gebind deur Interpak Books (Pty) Ltd, Pietermaritzburg.

Vir drie vriende van baie jare : Piet de Jager, Neels van Rooyen en ST Potgieter

Ander boeke oor jag en die ver plekke deur die skrywer :

Toe ashope nog kampvure was

As kampvuur-as eers wegwaai ....

Voorwoord :

Soos in my vorige boeke ***Toe ashope nog kampvure was*** en ***As Kampvuur-as eers wegwaai*** is die stories in hierdie bundel almal ware stories wat ek altyd om die kampvure in my lewe vertel het. En soos in daardie twee boeke sal jy hierin ook 'n mengsel van jagstories en stories van die ver plekke waar ek gewerk het, raakloop. En die stories is ook nie chronologies nie.

Wanneer dit by 'n derde boek vol kampvuur stories kom, moet mens jou geheue al ernstig begin fynkam. Die stories is almal dáár - mens moet maar net deur al die ou kampvure in jou gedagtes soek om hulle eers net weer in die hande te kry. Dis eintlik net die kort stories wat oorgebly het, maar om op te maak daarvoor is daar darem meer stories in hierdie boek as in my vorige boeke - om dit min of meer dieselfde aantal woorde en bladsye as daardie boeke te kry.

Dan net ter inligting - Waar ek van Suidwes of Suidwes Afrika praat, bedoel ek die land wat vandag as Namibië bekend staan, en waar ek van 'brunch' in die boek praat, bedoel ek die ete wat ons altyd hier rondom 12 uur eet wanneer ons jag - 'n ete so tussen "breakfast" en "lunch".

En waar ek praat van PH, is dit mos die Engelse afkorting vir Professionele Jagter.

Abel Botha Tzaneen 2014

INHOUD

'n Leeuhart vir 'n veearts
'n Gesnork en 'n gesteun op *Cohen*
Henko se lang pad na sy eerste bok
My beste skoot ooit
'n Foutjie op *Cohen*
Karl se *Kondowe* waterbok
Die bosbok op *Kaaldraai*
'n Luiperd op *Bosluisbult*
Kort storie lang lieg
Oor krokodille en terroriste
'n Vinger in 'n wenas
Saam met Matthew plaas toe
'n Gratis buffelkoei
Wanneer laas het jy vir Eleanor gesien?
Blyderivier se seekoeie
'n Jag in die wolke
'n Amerikaner en 'n leeu in Mosambiek
Die dag toe die leeu moes wildtuin toe
Die meisies op Huntleigh stasie
Stories op Nzhelele
'n Troue in die berge

'n Leeuhart vir 'n veearts

Ek het oom Floors van Staden ontmoet net nadat ek en Mariette getroud is en daarna het ek hom nog een of twee keer gesien voordat hy dood is. Hy was my skoonma se oom en was 'n vellekoper van beroep toe ek hom ontmoet het. Vir die van julle wat nie weet wat dit is nie, dit is iemand wat so van plaas tot plaas ry om by die boere hulle karakoelvelletjies te koop vir een van die groot pelsmaatskappye soos *Hudson Bay*.

In die tyd van hierdie storie het hy 'n plaas naby die Steenkamps, wat in Suidwes-Afrika se Kalahari geboer het, gehad en hy het dikwels by hulle gekom. Maar hy het my nie rerig voorgekom asof hy uit dieselfde harde soort kameeldoringhout as hulle gesny was nie. Dit is in elk geval nie soos ek hom opgesom het die kere wat hy op *Berghof*, my skoonpa se plaas in die Karasberge, kom kuier het wanneer ons die slag ook daar was nie.

Oom Floors was 'n belangrike skakel in hierdie goeie storie, want nie net het hy dit vertel nie, hy was dáár toe dit gebeur het ook. En hy was die een wat die reddingswerk moes doen op die ou einde - soos hy al te vore ook reddingswerk moes doen as die Steenkamps se rowwe aksies bietjies te ver gegaan het. Soos die keer toe hy die seun uit die yskas moes gaan red toe die drie broers hom daarin toegemaak het - omdat hy vergeet het om vir hulle bier in die einste yskas te sit toe hulle veld toe is. En hulle met die terugkomslag warm bier moes drink.

Dit was gewoonlik waar die meeste moeilikheid met die Steenkamps begin het - as hulle begin drink het. En dit het nogal heel dikwels gebeur, ten minste elke naweek, maar dalk ook nou nie nét oor naweke nie - daar gebeur mos maar dikwels dinge op 'n plaas wat so 'n ekstra drinkdingetjie regverdig.

Maar nou moet ek eers net haastig hier sê: die Steenkamps wat vandag in daardie deel van die Kalahari boer, is almal ordentlike en jy kan maar sê gesiene mense. Nou of die Steenkamps in hierdie storie familie is van vandag se Steenkamps, en of dit dalk hulle self was in die tyd toe hulle nog jonk en rof was, sal ek nie kan sê nie. Ek het hulle nie self geken nie - ek vertel maar net oom Floors se storie, want dit sal darem maar 'n sonde wees as hierdie mooi storie verlore moet gaan. Ek sal ook maar erken dat ek dalk net so 'n knertsie meer speserye by die storie gegooi het as wat oom Floors in sý weergawe van die storie ingehad het.

Soos meeste van die Kalahariboere was die Steenkamps goeie jagters en nog beter skuts - manne wat op 'n tiekie kon skiet, en blitsvinnig ook as daar die slag 'n nodigheid daarvoor ontstaan. Soos byvoorbeeld as 'n leeu miskien besluit om te storm as iemand anders hom gekwes het. Die

Steenkamps het nie sommer gekwes as hulle gaan jag het nie. Nie dat hulle dit as jag beskou het nie, nee, dit was maar net deel van 'n Kalahariboer se werk, net soos boorgatpype trek, ramlammers knip of skape dokter.

En dis juis by diere dokter wat hierdie storie begin het. En juis in die tyd dat dokters so in die nuus was, of dan veral een dokter, ene Dr. Chris Barnard, wat pas wêreldnuus gehaal het omdat hy die eerste menshart suksesvol oorgeplant het.

Die dokterwerk op die skape het die Steenkamps natuurlik self gedoen, soos elke Suidwes boer mos gewoonlik maar doen. Jy kom mos darem ver met 'n bottel ou motorolie met paraffien gemeng vir meeste van 'n skaap se kwale. Maar wanneer dit kom by 'n bees wat sukkel om te kalf, of 'n perd wat nie kan vul nie, moes die veearts maar gebel word om te kom help.

So het dit gebeur dat die betrokke veearts so van tyd tot tyd by die Steenkamps op die plaas uitgekom het. En so mettertyd geweldig beïndruk geraak het met hierdie gesoute leeujagters, wat so kalmpies kon vertel van die leeus wat hulle al van die gras af gemaak het. Nie dat die Steenkamps dit as 'n besonderse prestasie beskou het of so aan die veearts voorgehou het nie. Nee, een sou miskien net terloops noem van die vuilgoedse leeu wat nou alweer 'n bees gevang het en wat hy moes gaan doodmaak.

Maar hierdie praatjies het by die veearts 'n groot begeerte laat ontstaan - hy wou nou met alle geweld ook 'n leeu gaan skiet. En soos hy die Steenkamps later beter leer ken het, het hy hierdie behoefte van hom aan hulle geopper. Eers net so half terloops genoem dat hy nogal graag eendag sal wil saamgaan as hulle gaan leeu jag. Maar later, soos dit nou meer 'n obsessie by hom geword het, meer knaend en pertinent. Waarop een van die broers hom dan net telkens geduldig sou antwoord: "Boetie, leeujag is nie speletjies nie - dis nie vir beginner jagters nie."

Tot een Saterdagoggend baie vroeg, toe die veearts weer uitgeroep is om te kom help met 'n geliefde perdemerrie wat wou vrek omdat sy nie kon vul nie. Goeie veearts wat hy was, kon hy na 'n paar uur se sukkel dit uiteindelik regkry om die merrie en haar pragtige vul te red. Omdat die broers in ekstase was hieroor, en terwyl dit nou toevallig middeldag was en hulle honger was, moes die vul se geboorte natuurlik gevier word.

Terwyl daar 'n vuurtjie eenkant gepak word met kameeldoringhout, begin die manne brandewyn drink - geen mens kan tog op 'n nugter maag eet nie! En *gelukkig* of *ongelukkig* vir die veearts, kom daar na die derde dop brandewyn 'n veewagter op sy fiets aangery met die nuus dat hy gesien het hoe die leeu een van die beeste vang. Die veearts het gedink hy was *gelukkig* om daar te wees - maar hy kon nie weet dat dit eintlik baie *ongelukkig* vir hom sou uitdraai nie...

Mens kan natuurlik nie leeu jag as jy nog nie geëet het nie, en soos reeds gesê kan mens ook nie op 'n leë maag eet nie, so teen die tyd dat die vier manne baie laat die middag vertrek om die leeu te gaan skiet, was die Steenkamps reeds in 'n baie gevaarlike toestand van beneweldheid. Die veearts was heelwat nugterder, want as 'n man met 'n hoë geleerdheid was hy baie slimmer as om met 'n Steenkamp te probeer byhou as dit by 'n drinkery kom. En hy wou ook nie heeltemal onkapabel wees as hy die leeu moet skiet nie, want in die toestand wat die Steenkamps was tydens die vierde bottel brandewyn, het hulle ingestem dat hy die skietwerk kon doen.

Die veearts was natuurlik in ekstase, want hy het gesien dat sy droom nou uiteindelik bewaarheid gaan word. Totdat hy die leeu sien, en sien hoe groot so 'n Kalahari maanhaar rerig in lewende lywe is! Dis dan so groot soos 'n bees, en dit lyk ook nie juis of hierdie leeu so danig ingenome is met hierdie vier manne wat sy maaltyd wil kom versteur nie. Die houe van die allemintige dik stert soos die knorrige leeu dit op die sand slaan, laat die veearts se hande om die geweer sommer vanself die ritteltits kry.

Toe hy homself uiteindelik sover kry om die skoot af te trek, is die vleiswond wat hy die leeu toedien, net genoeg om die leeu op die plek briesend kwaad te maak - hy storm onmiddelik!

Die leeu, wat soos sewe soorte oordele aangestorm kom, is te veel vir die arme veearts se senuwees wat reeds aan flarde is van sy eerste aanblik op die gedierte. Hy het nie geweet leeujag lyk so nie! En sy bene begin vanself weghardloop nog voordat hy eers behoorlik kon besluit wat om verder te doen.

Nadat een van die Steenkamp broers die gekweste leeu met 'n enkele skoot platgeskiet het, is dit drie beswaarde broers wat rondom die leeu staan en besin. Die beneweldheid is natuurlik nie bevorderlik vir logiese en nugtere denke nie, maar hulle is dit darem al drie eens dat hulle hier met 'n lafaard te doen het wat vir 'n leeu, wat hy sélf gekwes het, weggehardloop het, en dat hulle iets sal moet doen om hierdie sakie reg te stel.

Die leeu word op die bakkie gelaai, en die veearts, wat teen hierdie tyd agtergekom het dat die groot verskrikking darem skynbaar dood is, kom klim ook baie vernederd agter op die bakkie. By die huis word die leeu se vel afgeslag so in die loop van die vyfde bottel brandewyn, en dis dan wanneer die oudste broer die briljante inval kry. Dokter Barnard het mos nou bewys dat dit moontlik is om 'n hart oor te plant, hulle gaan hierdie veearts help om nie meer 'n lafaard te wees nie, wat hy kort is 'n leeuhart!

Terwyl die twee jonger broers die histeriese veearts vashou, slag die oudste broer die leeu se hart uit. Hulle stroop die veearts se hemp af en die oudste broer maak 'n netjiese lange sny oor die veearts se bors met die vleismes. Maar gelukkig is dit presies op daardie oomblik dat die veearts se beskermengel besluit om in te gryp, want dit is net toe dat oom Floors se bakkie daar stilhou. Hy het toevallig besluit om juis dié middag sy bure te besoek. Sy hewige skreeu skok die Steenkamps net genoeg in die werklikheid terug sodat oom Floors kans kry om die erg bloeiende veearts in die bakkie te laai en kliniek toe te jaag.

Die suster op Aroab het veertig steke gebruik om die arme man weer toe te werk. Maar ek dink mens sou met redelike sekerheid kon aanneem dat sy lus vir leeujag permanent iets van die verlede sou wees!

'n Gesnork en 'n gesteun op *Cohen*

Moet nou nie sommer uit die staanspoor verkeerd verstaan nie, die titel van hierdie storie impliseer nie dat die storie oor seekoeie gaan nie, alhoewel die klanke waaroor ek skryf, nogal 'n ooreenkoms toon met die geluid wat seekoeie maak. Maar seekoeigeluide is darem nie so oorverdowend as die geluide waarvan ek hier wil vertel nie.

Ons hou weer 'n Bosveld Jagtersvereniging (BJV) kursus op *Cohen*, Karl Osmers se plaas naby Mopani. Dit is een van die gekombineerde kursusse wat ons partykeer aanbied - waar ons 'n Junior 1 kursus met 'n Senior kursus kombineer. Nou, vir diegene wat nie bekend is met BJV se kursusse nie, sal ek seker eers moet verduidelik.

Elke tak van BJV bied gewoonlik jaarliks twee Junior jagterskursusse en een Senior Jagterskursus aan. Op die Junior 1 kursus leer ons vir die jong mannetjies en meisietjies (so van 12 tot 15 jaar oud), die teoretiese gedeelte van die jagterskursus, met lesings oor *Vuurwapenveiligheid*, *Skootplasing*, *Jagetiek*, *Spoorsny*, *Diere identifikasie*, *Noodhulp* en 'n klomp ander vakke. Op die Junior 2 kursus herhaal ons 'n paar belangrike lesings soos *Vuurwapenveiligheid*, maar ons help ook dan vir elke kursusganger om sy of haar eerste bok te skiet.

Op die Senior kursus bied ons vir ouer kinders, 16 jaar en ouer, en volwassenes al die teoretiese lesings aan, en hulle jag dan ook saam met 'n instrukteur 'n bok. Aan die einde van die kursus skryf hulle dan eksamen - die sogenaamde CHASA Bekwaamheidstoets.

Nou kan ons teruggaan na my storie. Mense wat al van my vorige boeke gelees het, is seker nou al gewoond daaraan dat ek partyslae eers 'n lang draai loop om die storie by die begin te loop haal, nuwe lesers moet maar uithou - gebruik maar net geduld.

Hierdie storie begin eintlik nie op hierdie kursus nie, maar by die heel eerste Junior 1 kursus wat Letaba tak van die BJV aangebied het - so 'n jaar of twee voor hierdie kursus, ook op *Cohen*. Dit begin die eerste aand om die kampvuur, waar ons klompie instrukteurs, soos myself, Vic en Karl Osmers, Danwilh en 'n paar ander saam met die Juniors sit en wag dat die kosspan die kos moet klaar maak. Ek meen te onthou dat Kolonel van Dyk die kampkommandant was en my jonger broer Jopie was deel van die kosspan.

Na ete spring die geselskap so luilekker van die een onderwerp na die ander, totdat dit, hier naby slaaptyd, natuurlikerwys op snorkery tot stilstand kom. Jopie, wat saam met Vic, die Kolonel en 'n paar ander in die ou opstal slaap, dog hy het nogal 'n taamlike snork-vermoë aan hom, en begin solank vooraf al verskoning maak. Dis nou vir enige ongerief wat sy snorkery dalk vir die ander manne in die huis mag veroorsaak. Hierna gaan ons almal slaap.

Die volgende oggend, toe ons opstaan, sien ons dat Vic die nag in sy Kombi, 'n hele ent weg van die huis af, geslaap het, en nie in die huis waar hy begin slaap het nie. Hy loop reguit na Jopie toe en sê : "Jy, jy dink jy kan snork! Jy weet nie waarvan jy praat nie!" Toe hoor ons dat die Kolonel vir Vic skoon uit die huis uit gesnork het! Vic sê dat selfs 'n seekoei by die Kolonel kon kom leer.

Dit bring my (nou eers!) by my storie op hierdie kursus. Op hierdie kursus was Danie van Niekerk ook al instrukteur, en Gavin Maartens en Jacques Dunn twee van die senior kursusgangers. As ek reg kan onthou, was dit Schalk Robinson, wat hierdie werk baie jare lank gedoen het, se eerste kursus as Kampkommandant.

Nou weet ek nie of Vic se gepratery oor die Kolonel se gesnork op die vorige kursus dalk vir Jopie 'n minderwaardigheidskompleks oor sý snork-vermoë gegee het nie, maar hy wou nie weer in die huis by die ander manne slaap nie. Hy het sy Landrover so 'n entjie van die kampvuur af getrek (aan die anderkant van die vuur as die huis) en agterin vir hom bed gemaak. Hy het vroegerig gaan slaap.

Danie van Niekerk en Gavin Maartens het, nadat ons ander manne gaan slaap het, nog 'n ruk by die vuur gaan sit en kuier. Gavin het op een van die groot stompe om die vuur gesit. Gavin is halfpad in 'n sin toe Danie sy hand opsteek dat hy moet stilbly - hy hoor geluide. Dan luister hulle albei - die geluide kom van 'n slapende Jopie uit sy Landrover: "Umhf!... uhmf! ...umhf!.......aaaah!...Bliksem!"

Gavin het so gelag dat hy bo van die stomp af geval het!

Maar ek móét nog 'n storie van hierdie selfde naweek vertel - al is dit net om te wys wat gebeur as mens nie oplet nie!

Vic het 'n uitstekende lesing oor skootplasing vir die seniors aangebied. Hy het voorbeelde wat die vitale organe van baie verskillende wildsbokke wys, uit Doctari (Kevin Robertson) se boek oor skootplasing vir die kursusgangers aangebied. Daarna het hy Andre van Dyk se skootplasing video gewys. Hierdie video wys regte bokke, met die vitale organe wat met animasie binne-in die bokke aangebring is. Dit wys dan waar die jagter moet korrel op 'n bok om die vitale organe te bereik as die bok teen verskillende hoeke vanaf die skut staan.

Die video begin met 'n rooibok wat reguit vir mens staan en kyk, dan draai hulle die bok terwyl hulle heeltyd wys waar op die bok gekorrel moet word om nog steeds die vitale organe raak te skiet. Dit eindig waar die rooibok weereens reguit na jou staan en kyk.

Tydens hierdie hele lesing het Jacques Dunn en Gavin gesit en tjie-tjie-tjie, en kort-kort grappies gemaak. Ek het naderhand ingegryp en gesê: "Jacques, dis 'n baie belangrike lesing hierdie, jy beter oplet!" Dan het hy weer 'n rukkie opgelet en dan maar weer grappies gemaak.

Die volgende oggend het die seniors saam met instrukteurs uitgegaan om elkeen 'n rooibok te skiet. Jacques het saam met Karl uitgegaan. Naderhand gewaar Karl rooibokke en hy en Jacques bekruip die rooibokke. Karl kry vir Jacques mooi in posisie. Die rooibok staan reguit vir hulle en kyk, presies net soos die skootplasing video begin en weer eindig.

Jacques draai hom heeltemal om na Karl, en sê hardop : "Waar moet ek hom skiet?" Die rooibok het nie gestaan en wag om te hoor wat Karl antwoord nie!

Jacques kon glad nie daardie naweek 'n rooibok doodkry nie.

Henko se lang pad na sy eerste bok

Dis nie altyd so maklik om 'n jong jagtertjie uit te vat om sy of haar eerste bok te skiet nie. Veral nie as hierdie kind uit 'n huis kom waar nie een van die gesin jag nie. Dit is gewoonlik moeilik vir so 'n kind om te begryp dat die bok baie beter kan sien, hoor en ruik as jy, en dat jy baie stadig en geruisloos deur die bos moet beweeg en nie skielike bewegings moet maak of raas nie.

Wanneer so 'n kind nog klein van postuur is ook, word dit nog moeiliker om hom of haar in so 'n posisie te kry waar hulle bo-oor die gras of bosse kan sien, en dan boonop die swaar geweer stil te hou en te konsentreer waar op die bok hulle moet korrel om die vitale organe binne in die bok raak te skiet.

Omdat Henko Mienie groter was van postuur as die gemiddelde ander outjies op die kursusse wat hy bygewoon het, het ons dadelik gedink dat hy nie baie sou sukkel nie - al het hy nie uit 'n jagtersgesin gekom nie. Op die Junior 1 kursus, waar ons die teoretiese opleiding gee en waar hulle ook leer skiet, het hy nie te sleg gevaar met die .22 skiet nie.

Die probleme het begin met sy Junior 2 kursus, waar elke kursusganger saam met 'n instrukteur uitgaan om sy eerste rooibok te skiet. Op hierdie kursus was Ds. Danie van der Watt sy instrukteur en die kursus is gehou op *Kondowe,* die plaas van my vriend Daan Roux, naby Letaba Ranch wildtuin.

Sommer vanuit die staanspoor sukkel hulle. En dit is nie omdat hulle nie rooibokke kry nie. Danie is 'n ervare jagter en daar is baie rooibokke op die plaas, maar elke keer as hulle in posisie kom om te skiet, is daar iets fout: die gras is te hoog, of daar is takke voor of Henko staan nie gemaklik nie, of wat ook al. Dit lyk amper asof Henko nie genoeg selfvertroue bymekaar kan skraap om die skoot af te trek nie.

Uiteindelik, laatmiddag van die laaste jagdag, val alles min of meer in plek. Henko het goeie dooierus, een rooibok staan redelik oop en alleen, en is omtrent 60 meter ver. Maar die rooibokke is effens senuagtig - hulle het iets gewaar maar weet nie presies wat nie.

"Sien jy hom?" fluister Danie baie saggies.

"Ja, Oom," fluister Henko terug.

"Is die korrel mooi op die blad?" fluister Danie weer.

"Ja, Oom."

"Nou toe, skiet!" fluister Danie en druk sy ore toe.

Maar Henko skiet nie. Danie haal weer sy hande van sy ore af.

"Is jy reg om te skiet, jong, daardie rooibokke is onrustig?"

"Ja, Oom," fluister Henko en Danie druk weer sy ore toe.

Maar steeds skiet Henko nie!

Nou word die fluisterstem dringend: "Jy moet skiet, daardie bokke gaan nóú hardloop!"

"Ja, Oom"

Maar daar val geen skoot nie en daar hardloop die rooibokke!

"Nou hoekom het jy nie geskiet nie?" vra Danie.

"Oom, ek het probeer, maar my vinger wou nie buig nie!"

Die volgende jaar het Henko weer ingeskryf vir die Junior 2 kursus - weer op *Kondowe* - waar hy met die Saterdag oggend jagsessie by my beland. Ek jag lekker saam met Henko, want hy is groot gebou en kan self die geweer dra. Verder het hy op die vorige jaar se kursus baie by Ds. Danie geleer hoe om stadig en saggies deur die bos te beweeg.

So beweeg ons rustig deur die bos totdat ons rooibokke gewaar. Ons lê 'n rukkie en bekyk hulle en seil dan stadig na 'n mopanieboompie so 'n vyftien tree nader aan die rooibokke. Hier laat ek vir Henko baie stadig agter die mopanieboom regop kom, soos ek hom vooraf laat oefen het. Die omstandighede is perfek: Henko het baie lekker dooierus en die rooibok staan mooi oop en plank dwars en wei - 'n pragtige ram. Dit is seker nie dertig meter ver nie. Ek druk my ore toe. Na 'n baie lang ruk gaan Henko se skoot uiteindelik af.

   Ai tog - ek is feitlik seker daardie skoot was totaal mis! Die rooibok het hoegenaamd nie reageer soos 'n bok wat raakgeskiet is nie, en ek het glad nie die skoot hoor klap op die bok nie. Omdat ek nie die hart het om my oortuiging aan Henko te noem nie, vat ons maar die spoor - vir seker 'n kilometer ver. Daar is nie eers een spikkeltjie bloed nie en die spore wys ook nie dat daar fout is met die bok nie.

   Ek voel baie jammer vir Henko - dit is nou al sy tweede Junior 2 kursus en hy is so gretig om sukses te behaal en so entoesiasties oor die jagtery. En hy sal seker nie maklik weer sulke ideale omstandighede kry om 'n bok te skiet nie.

   Terug by die kamp kom verneem Karl Osmers hoe dit met ons gegaan het. Nadat ek hom vertel het van ons jagtery, vra hy gemaak kwaai vir Henko: "Nou wat het jy aangevang - hoekom het jy misgeskiet?"

   "Oom, ek dink ek het dalk my oë toegeknyp", sê Henko verleë."

   "Nou ja, toemaar," sê Karl, "vanmiddag vat ek jou dat jy jou rooibok kan gaan skiet!"

   Karl gaan dadelik sy geweer haal, werk die slot heen en weer, en roep vir Henko nader: "Kom, sit hier en dan skiet jy 'n skoot na daardie blik, dat ek kan sien"

"Hier in die kamp, oom?" vra Henko.

"Ja, skiet dat ek kan sien wat maak jy."

Henko vat korrel en mik en lê aan en wat ook nog al - vir 'n lang tyd, en uiteindelik trek hy die sneller. Saam met die "kliek" geluid, is daar 'n hewige ruk aan die geweer soos hy die skoot se knal verwag het. Geen wonder hy het misgeskiet nie!

"Daar was dan nie 'n patroon in nie, oom" sê hy.

"Ja, dit was 'n leë doppie," sê Karl. "Het jy gesien hoe ruk jy? So, skiet nou weer"

So het Karl vir Henko 'n magasyn leë doppies laat skiet. Hy het dit weer volgelaai en een vol patroon in die magasyn tussen die doppies gelaai. Hy het vir Henko laat oefen totdat hy die leë doppies en die patrone kon afskiet sonder om sy oë toe te knyp of die geweer te ruk as hy skiet.

Daardie middag, op die laaste middag van sy tweede Junior 2 kursus, het Henko, saam met Karl, uiteindelik sy eerste rooibok geskiet!

My beste skoot ooit

Ek het nog nooit gedink ek is 'n baie goeie skut nie, veral nie uit die vuis uit nie. As ek goeie dooierus het, skiet ek nie te vrot nie, maar ek glo darem nie ek sal die springbokspan haal met die uit-die-vuis-uit skiet houding nie. Maar ek het een keer in my jagtersloopbaan 'n perfekte skoot uit die vuis uit geskiet - en dit nie eers op 'n bok nie. En iewers moet ek darem vir iemand daarvan vertel!

Dit was 'n hele paar jaar gelede, toe my goeie vriend Daan Roux nog op die plaas *Kondowe* geboer het. Daan is saam met 'n toergroep van die Landbou-unie New Zealand toe vir omtrent tien dae en hy het my gevra om sy plaas op te pas vir die tyd wat hy weg sou wees. Alhoewel dit vir my net 'n groot plesier sou wees om vir tien dae alleen op die plaas te wees, het hy nog boonop as 'vergoeding' vir my twee rooibok ramme en 'n blouwildebees gegee wat ek gratis kon jag!

Op daardie stadium was *Kondowe* aan drie kante met elektriese wildwering heining toegespan, terwyl hulle besig was om die vierde grens se heining ook te elektrifiseer. Daarom het Daan my gevra om dalk bietjie meer aandag aan hierdie gedeelte van die heining te gee, want daar kon die wilddiewe makliker inkom. Daan het baie las gehad met hierdie wildstelery: dit was veral strikke wat gestel is en mense wat met honde in die plaas gejag het wat 'n groot probleem was.

Kan jy jou 'n lekkerder lekker voorstel as om tien dae stoksiel-salig-alleen op 'n vier en 'n halfduisend hektaar laeveldse bosveldplaas te spandeer? En nog boonop gratis te mag jag ook?

Elke oggend het ek vroeg opgestaan, die as van gisteraand se kole bietjie weggevee en nuwe houtjies op die nog steeds warm kole gegooi. Dan het ek my keteltjie vol water gemaak en op die kole staan gemaak en daarna 'n vol ketel koffie gemaak. Ek het 'n beker koffie met beskuit geniet, my staal koffiefles vol koffie gegooi, en met my blou Landcruiser, waarvan ek die deure afgehaal het, begin om die grensdrade na te ry. Ek het natuurlik ook die paadjies deur die plaas gery en hier en daar op 'n mooi plek in die koelte gesit en net die stilte geniet.

Wanneer ek dan weer middeldag naby die kamp kom, het ek vir my 'brunch' gemaak en namiddae het ek gewoonlik met die voet gejag.

Een oggend vroeg, terwyl ek besig is om koffie te drink, kom die ou skaapwagter by my kamp aan en sê ek moet kom kyk, hy wil my iets wys. Omdat hy Sjangaan praat, kan ek eers nie baie mooi verstaan nie - maar ek verstaan nietemin dat ons moet ry.

Hy laat my ry tot by die noordelike grensdraad en op 'n plek laat hy my stop. Hy wys my waar daar spore onder die draad deur in die plaas in is - deur die elektriese heining, nie die stuk heining wat ek so knaend patrolleer het nie! Dit lyk volgens die spore of daar twee mense en ten minste vyf honde deur die draad is. Ons loop 'n hele ent langs die draad af tot by 'n ander plek waar hy my die uitgaanspore van die klomp wys - en 'n bloedsleepsel. Die skaapwagter sê dis 'n vlakvark wat gevang is.

Dit is 'n klomp verskillende emosies wat deur my gaan. Eerstens is daar 'n koue woede in my dat mense so koelbloedig in 'n ander man se grond kan ingaan - nogal deur 'n elektriese wildwering heining - en met hulle honde daar gaan wild steel. Tweedens voel ek of ek totaal gefaal het in dit wat ek eintlik hier op die plaas moes kom doen - ek was dan juis hier om te keer dat daar nie wilddiewe moet inkom nie! (Agterna het Daan my verseker dat hulle baie dikwels in die plaas inkom - terwyl hy op die plaas is ook).

Derdens voel ek ook baie opgeklits om nóú dadelik my patrollies op te skerp en seker te maak dat ek enige volgende diewe óf gaan keer om in te kom, óf gaan vang. (Na aanleiding van boere wat later in baie erge moeilikheid beland het met wilddiewe wat hulle gevang het, was ek agterna maar bly dat ek nie iemand gevang het nie.)

Ek gaan laai die ou skaapwagter by die huis af en ry weer grensheining toe. Oral waar ek ry fynkam my oë elke bos - soek vir 'n hond of 'n mens. Ek is so opgewarm vir aksie soos 'n outydse Volkswagen kombi met 'n Ford V6 enjin in.

In die noordwestelike hoek van die plaas, waar die grondpad vanaf Gravelotte na Letaba Ranch verbygaan, sien ek weer spore in die plaas in. Dit lyk soos een persoon en een hond. Ek volg die spore met die Landcruiser in die paadjie langs die grensdraad af tot waar dit aan die suidekant uit die plaas uit gaan - dit was dus iemand wat net deur die plaas geloop het en nie noodwendig 'n wilddief nie.

Ek ry weer terug in die rigting van die noordelike hoek en op die laaste dwarspaadjie deur die plaas, draai ek links en ry met hierdie paadjie in die rigting van die opstal. Onder 'n groot maroelaboom hou ek stil en skink eers koffie uit die staalfles. Die rustigheid van die pragtige bosveld om my laat die storm in my binneste heeltemal bedaar. Nadat ek my koffie klaar gedrink het, sê ek eers vir die Here dankie vir die voorreg om hier in die bos te mag wees, en vir al Sy seëninge.

Dis wanneer ek die sleutel van die Landcruiser draai om verder te ry, dat ek uit die hoek van my oog 'n bewegende wit ding opvang. Ek sluit onmiddelik af, gryp my 375 H&H en spring uit - daar is nie wit bokke in hierdie bos nie!

Wanneer hy my sien, swaai die hond om en verdwyn in die bos vanwaar hy gekom het. Ek hardloop volspoed agter hom aan, waar hy oor 'n dooie stomp wat op die grond lê, gespring het.

Die volgende oomblik seil 'n ander groot, wit hond sierlik oor hierdie selfde stomp in my rigting. Sien, vassteek en skiet is gelyktydig - ek kan nie eers onthou dat ek gekorrel het nie. Wanneer die skoot klap sak daardie groot hond net daar inmekaar en bly lê - val soos 'n sak klippe op die grond en sy momentum kon hom nie eers verder dra nie.

Wanneer ek by die hond kom, sien ek dis die mees perfekte doodskoot wat jy maar kan begeer om te skiet - die monolitiese koeël is 'n raps bokant die oë in, in die middel van die kop deur die brein, dan deur die nekmurg. Daarvandaan is dit agter die nek uit en weer in die middel van die rugmurg in en deur die organe en onder die hond uit. Jy kan maar sê ek het hom vier keer dood geskiet met een skoot!

Alhoewel ek baie bly is dat daar een wildvangerhond minder is, kan ek tog nie help om jammer te voel dat ek hom doodgeskiet het nie - dis gladnie lekker om 'n hond dood te skiet nie. En al is die hond maar verwaarloos, is dit nogal 'n mooi hond - as hy in 'n beter huis gebly het sou dit werklik 'n pragdier wees.

Wat doen ek nou met die karkas? Ek wil dit nie sommer net so laat lê nie. Dan kry ek 'n idee: ek laai die karkas agter op die Landcruiser en ry terug na die plek teen die elektriese heining waar ek die oggend saam met die skaapwagter begin het. Dan stoot ek die karkas van die hond mooi in die opening waardeur die wilddiewe met hulle honde die vorige nag deurgekom het. En, soos hy daar lê met sy kop onder die wildwering heining asof hy daar met sy kop op sy pote lê en uit die plaas uitkyk, lyk die koeëlgat tussen die oë vir my asof dit nogal 'n effektiewe waarskuwing vir ander voornemende wilddiewe kan wees!

'n Foutjie op *Cohen*

Hierdie is ook een van daardie stories wat ek móét vertel, sodat die waarheid 'n slag alleen op papier kan staan - waar daar nie ander beterweterige en sarkastiese luisteraars by is wat allerhande aanmerkings kan maak nie. Soos wat hulle mos gewoonlik doen wanneer ek hierdie storie vertel. Of as hulle nog die slag stilbly, sal hulle hulle oë hemelwaarts rol soos 'n buffelkoei as ek hier naby die einde kom. En dan is dit nog die ouens wie ek voorheen vas geglo het my vriende was. Dan kan jy net dink wat sê die mense wat nie van my hou nie, van hierdie storie.

Dit was weer tydens my en Danwilh se jaarlikse jag op *Cohen* en *Otto*, Karl Osmers se plase agter die Soutpansberg. Ek wou baie graag 'n koedoekoei skiet vir die vrieskas, en ons het ernstig gejag om ons vleis in die hande te probeer kry.

Die hele naweek was bewolk, en behalwe dat jy dan 'n koedoe baie moeiliker in die bos kan sien, is dit nog boonop baie moeilik om rigting te hou in die bos - veral op *Otto* waar daar geen bakens is om op te peil nie (en omdat daar nie 'n son is waarmee jy jou rigting kan bepaal nie). Mens is mos geneig om óf na links, óf na regs af te wyk as jy dink jy loop pylreguit deur die bos. Dié dat sommige mense naderhand in sirkels loop as hulle wil verdwaal -

soos in 'Jock of the bushveld' en ander boeke beskryf word.

Die Vrydagoggend jag ek op *Otto*. Dis digte mopaniebos, waar sigbaarheid maar effentjies is - jy kan meeste plekke net 'n paar tree ver sien. Maar, dit is die soort jag wat ek die meeste geniet - waar jy kaalvoet en voetjie vir voetjie deur die mopanies beweeg. Wanneer jy iets sien, is dit gewoonlik sommer baie naby, jou skietafstand is normaalweg nie meer as dertig tree nie. Maar jy moet báie stadig beweeg, en selfs dan sien die bokke jou normaalweg eerste. So die kanse op sukses is heelwat skraler as op ander gedeeltes van die plaas, maar die bevrediging wat ek uit hierdie soort jag kry, is honderdmaal meer.

So jag ek tydsaam deur die mopanies en geniet elke oomblik. Dan sien ek skielik iets wit in die bos en gaan sit dadelik. Duidelik sien ek die wit ring op die bok se agterwêreld - dis dan 'n waterbok! Karl het nie waterbokke op die plaas nie, hierdie bok moes vanaf 'n buurplaas deurgekruip het. Waterbokke is mos bekend vir hulle draadkruipery.

Dit is 'n mooi bul, en ek hou hom 'n rukkie dop. Nou weet ek, die klomp ongelowige Thomasse op hierdie plaas gaan my verseker nie glo nie. Daar was in meer as veertig jaar se tyd nooit 'n waterbok op hierdie plase nie. So ek probeer om 'n foto van die bok met my selfoon te neem. Maar omdat ek nou nie een van hierdie fênsie selfone met 'n ordentlike kamera in het nie, sukkel ek om die bok in fokus te kry. Die simpel selfoon fokus al op die blare vóór die bok. Ek kry darem naderhand so 'n stuk van die kring op die waterbok se stêre afgeneem.

Terug by die kamp is dit toe ook nou nét so: niemand wil my glo nie. Die foto's wil hulle nie oortuig nie, die eerste klomp wys almal net mopanieblare. Maar uiteindelik glo Karl darem dat daar wel 'n waterbok is - die laaste onduidelike foto waar jy die wit kring net-net kan uitmaak, oortuig hom naderhand.

Ek weet dat Karl lankal soek na 'n mooi waterbokbul, so ek verduidelik hom mooi waar ek die waterbok gesien het. Karl jag die hele Vrydagmiddag en ook die Saterdagoggend, maar hy kry nie die waterbok nie - dit het eenvoudig verdwyn. Hy begin naderhand glo dit is weer van die plaas af, en as hy nie die spore gesien het nie, sou hy seker weer van voor af begin twyfel het aan my selfoonfoto. Maar dit is natuurlik ook moeilik om die spore te volg as dit so bewolk is - as die son op die spore skyn wys die skerp kante van die spore mos net soveel beter. Daar is ook te veel ander spore.

Saterdagmiddag laat kom ek uit die bos van *Cohen* se kant af by die middelpad tussen *Cohen* en *Otto*. Op dieselfde oomblik wat ek in die paadjie instap, kom Karl verby met 'Noddy' - die Suzuki Jeepie wat hy so gedoop het.

"Niks gekry nie?" vra hy onnodig - ek dog my lyftaal sou dit dadelik vir hom vertel.

"Nee, niks." antwoord ek die onnodige vraag.

"Nou toe, klim in dan gaan skiet ons gou vir jou 'n koedoekoei," sê hy en ek klim in. Dan draai hy links in die eerste paadjie wat reg wes in *Cohen* ingaan. En dan, vir die eerste keer in drie dae, breek die son deur die wolke. Dit sit laag op die horison en skyn reg in ons gesigte.

Ons ry 'n rukkie in stilte, dan trap Karl skielik rem en sê: "Daar staan 'n koedoekoei agter daardie boom, skiet haar!"

Ek lig die geweer op, maar wanneer ek deur die teleskoop kyk, skyn die son amper reg van voor in die teleskoop in.

"Die son skyn reg in my oë," sê ek vir Karl.

"Jy moet skiet, sy gaan hardloop!", sê Karl.

Ek skuif die teleskoop meer regs tot naby die stam van die boom waaragter die koedoekoei staan. Ek maak net 'n vorm van 'n bok uit in die songlans deur die teleskoop. Ek beweeg die kruishaar meer regs tot in die middel van hierdie vorm en druk die sneller af.

Die koedoekoei hardloop na ons kant toe in die paadjie af en slaan so veertig tree van ons af neer - reg in die paadjie.

"Mooi skoot!" sê Karl, en wens my geluk.

Dan klim ons uit Noddy en stap na die bok toe. En dan gebeur daar 'n snaakse ding: soos ons nader stap, groei daar horings uit die koedoekoei se kop. Nog 'n paar tree nader en daardie koedoekoei wat 'n koedoebul geword het, verander voor ons oë in 'n waterbokbul!

Foutjie!

Nou ja, al my sogenaamde jagvriende weet te vertel ék het die skoot afgetrek, ék moes sien dis 'n waterbok en nie 'n koedoekoei nie - anders moes ek nie geskiet het nie. Maar Karl self sê altyd: "Luister áltyd vir die plaaseienaar!"

Dis presies wat ek gedoen het!

Die foutjie het my darem op die ou end nie te veel gekos nie - Karl het my laat betaal vir 'n koedoekoei.

Karl se *Kondowe* waterbok

Soos reeds gesê, het *Kondowe* 'n oorvloed rooibokke gehad in die tyd toe Daan Roux nog daar geboer het. Vir 'n vleisjagter soos myself, was dit die perfekte soort rooibok - die tyd wat ek Daan se plaas opgepas het, het ek een namiddag amper skemer twee rooibok ramme bymekaar doodgeskiet en albei het 'n ronde 50 kg uitgeslag. (Dit was April en hulle was lekker vet.)

Maar *Kondowe* se rooibokke was nie rerig trofee gehalte nie - en Daan was 'n trofee jagter. Nee, die groot rooibok trofeë jag jy daar in Ellisras se wêreld, of agter die Soutpansberg, soos op *Cohen*, Karl Osmers se plaas. Op daardie stadium het Karl nie waterbokke op sy plaas gehad nie (behalwe die een in die vorige storie!), wel gemsbokke.

Toe Karl my eendag vra waar hy 'n mooi waterbokbul kan skiet, vra ek hom: "Hoekom maak jy nie met Daan 'n ruiling nie - jy skiet 'n waterbok by hom en hy kan by jou 'n trofee rooibok skiet en miskien nog iets?"

"Sal Daan te vinde wees vir so iets?" vra Karl.

"Ek dink nogal so, hy soek al lankal na 'n groot rooibok trofee."

So het dit gekom dat Karl en Daan ooreengekom het dat Karl op die Junior 2 kursus 'n waterbok by

Daan sal jag en Daan dan op 'n later stadium by Karl 'n rooibok en 'n gemsbok sal gaan jag.

Die Saterdagoggend van die kursus begin Karl en Bennie, sy seun, ernstig waterbok jag. Ons, as instrukteurs, vat van die Junior kursusgangers uit om rooibokke te soek.

Wanneer ek en die jong jagter kwart oor elf die kamp inloop, kom Karl en Bennie ook net daar aan. Dit lyk of hulle al klaar 'n paar kilometers agter die blad het.

"Iets gekry?" vra ek.

"Nee," sê Karl, "spore gekry en 'n paar koeie gesien, maar geen bul nie."

Tog snaaks hoe dit werk - as ek my gedagtes laat teruggaan dink ek hoeveel keer ek al die waterbokbulle in die einste paadjie na ons BJV kamp hier langs die rivier toe, gekry het. Maar as jy hulle die slag soek, is hulle natuurlik skoonveld!

Nadat ons Schalk Robinson, ons kamp kommandant, se tipiese vyfster 'brunch' geëet het, begin Karl en Bennie sommer dadelik weer jag. Halfdrie klim 'n paar van ons instrukteurs en kursusgangers op Schalk se bakkie en hy gaan laai elkeen van ons in ons onderskeie kampe af waar ons moet jag.

Toe die son aan die horison raak, is ek en my jagtertjie naby die kamp by 'n plaasdam met 'n gebreekte wal. Ek sien van ver af iets by die dam en ek en die seun sak dadelik op ons hurke neer. Dis 'n groot waterbokbul wat reg langs die paadjie rustig lê en herkou - dit lyk na 'n óú bul. Ons loop 'n entjie terug op ons spore en loop met 'n ompad om die ou bul sodat hy nie moet skrik en weghardloop en dalk rooibokke ook wegjaag nie. Maar ons sien nie weer iets nie.

Dit begin nét skemer raak wanneer ons by die kamp inloop. En hier sit Karl plat agter op my bakkie, maar hy lyk sommer kláár met die wêreld - en baie mismoedig boonop. Dit lyk of hy baie, baie ver geloop het en die son het hom sommer erg rooi gebrand. Sy gesigsuitdrukking beantwoord die vraag wat ek sou gevra het as ek dit nie gesien het nie: hulle het duidelik nie 'n waterbokbul gekry nie! Bennie lyk so effens beter, maar dan - hy is darem baie jare jonger as Karl en vat gereeld jagters uit met sy PH werk.

"Kom Karl, moenie so mismoedig lyk nie, kry jou geweer dan gaan skiet ons gou jou waterbok!" sê ek.

"Waar?" vra Karl

"Net hier naby - by die breekdam," antwoord ek.

Maar wat 'n metamorfose! Karl lyk onmiddelik of hy die hele dag nog glad nie 'n tree geloop het nie en al die mismoedigheid is onmiddelik uit sy gesig uit weg.

"Is jy ernstig?" vra hy, terwyl hy seker maak sy 416 Rigby het patrone in die magasyn.

"Ja, maar ons moet dadelik ry anders vang die donker ons," sê ek.

Jopie en Bennie spring ook op die bakkie en ons ry. Wanneer ons naby die breekdam kom, sê ek vir Karl: "Is jou geweer reg om dadelik te skiet?"

"Ja," sê hy, "waar is die bok?"

"Hy is net hier, jy gaan hom binne 'n minuut sien," sê ek.

Dis al sterk skemer. Ek stop amper by die breekdam - die waterbok lê nie meer waar hy gelê het nie. Dan sien ek hom wei net oorkant die paadjie van waar hy gelê het. "Daar is hy, Karl, skiet!" sê ek.

Karl staan op, korrel baie vinnig en skiet sommer uit die vuis uit - dis baie naby. As die skoot donder, val die waterbok net daar om en daar lê hy, morsdood! Dis 'n baie mooi bul - nie die grootste wat jy sal kry nie, maar seker presies die bul wat Karl wou skiet - 'n mooi verteenwoordigende ou bul.

So was ek en Karl dan op twee verskillende geleenthede vir mekaar "PH" om elkeen ons eerste waterbokbul te jag, met baie ooreenkomste: albei jagte was laat Saterdagmiddag, albei het net 'n paar minute lank geduur en albei jagte het 'n onverwagte einde gehad!

Die bosbok op *Kaaldraai*

In 1982 ry ons klomp Botha's almal op na die plaas *Kaaldraai*, tussen Thabazimbi en Makoppa. Dit was die plaas van Ds. AT McDonald - sy seun Theo en my suster Christa het in die najaar van 1982 op hierdie plaas verloof geraak. Al een wat nie geweet het dat sy op hierdie naweek verloof sou raak nie, was Christa! My ander suster Hannelie (sy en Christa is 'n tweeling) is vroeër dieselfde jaar met Kobus Oosthuizen getroud en hulle het van Pretoria af gery soontoe.

Makoppa, vir diegene wat dalk nie weet nie, is die naam wat die mense daar rond gebruik as hulle van 'n mamba praat. En daar is 'n goeie rede waarom hulle die plekkie "Makoppa" genoem het. Maar ons het dit nie tóé al geweet nie ...

Ek het pas 'n paar weke vroeër my nuwe 7x57 Musgrave geweer in Bloemfontein gaan haal. Hulle het dit vir my gebou - nou nie soos in 'n pasmaak geweer nie, maar Musgrave het op daardie stadium nie 'n 7x57 gemaak nie. Ek het hulle gevra om vir my 'n 7x57 vanaf een van die ander kalibers wat hulle wel gemaak het, te bou. Hulle het 'n 30-06 daarvoor gebruik en ek dink ek kan tereg aanspraak maak daarop dat dit die heel eerste 7x57 is wat Musgrave gebou het - ná my geweer het hulle hierdie kaliber as deel van hulle reeks vervaardig.

Die aand na die middag wat Christa en Theo op die wal van die Krokodilrivier op die plaas, met ons almal teenwoordig, verloof geraak het, ry ons klomp manne met die bakkie lande toe. Oom At het baie las van bosbokke gehad op die groentelande, en het 'n skadepermit gehad om die bosbokke in die nag met 'n kollig te skiet.

Nie een van ons gewere het 'n teleskoop op gehad nie. En nie een van ons het al voorheen met 'n kollig in die nag met oop visiere probeer bosbokke skiet nie. Want anders as 'n koplamp, wat jou korrel én visier verlig, word die kollig deur 'n ander man as jyself hanteer en daardie korrel voor op die punt van die geweer lyk soos 'n donker skaduwee van 10 sentimeter lank. Ons kry nie een iets raakgeskiet nie. Terwyl dit die ander ouens se beurt is om te skiet, werk ek in my kop uit min of meer waar ek moet mik om met hierdie lang skadukorrel raakgeskiet te kry, en toe dit weer my beurt is om te skiet, val die bosbokram.

Maar hy spring weer op en sukkel hinkepink tot in die bos. Ek en swaer Kobus is agter die bosbok aan, hy met 'n handflits en ek met die geweer. Die bos is ontsettend ruig binnekant, maar na 'n rukkie sien ons weer die bosbok. Hy lê.

"Pasop voor," sê ek vir Kobus, "dat ek hom kan doodskiet."

"Nee," sê Kobus, "hy is klaar dood, ons kan hom net gaan keelaf sny."

"Hy lewe nog, Kobus, en 'n gekweste bosbok kan jou doodmaak!" sê ek.

Maar Kobus wil niks weet nie - hy loop al voor my in met die flits. En daar spring die bosbok weer op en daar gaan hy! Ons loop weer agter hom aan, soms sien ons net 'n glimps van hom in die digte bos, meesal loop ons net op gevoel af. En ek vóél behoorlik, want Kobus lig voor hom en ek loop in al die dorings vas.

Ons kry nie weer geleentheid vir 'n skoot nie. Dan is ons by 'n regaf wal, of eerder 'n afgrond, op die oewer van die rivier. Ek gaan staan langs Kobus op die wal van omtrent 2 meter diep.

"Dink jy ons kan hier af?" vra Kobus.

"Dit lyk my so," antwoord ek met die bokant van my kop 'n ent onderkant sy voete, want terwyl hy gevra het, het die kant van die wal onder my voete meegegee en ek het regaf en net soos ek gestaan het geval, en mooi op my voete onder geland!

Kobus het baie meer gesukkel as ek om die wal af te kom, maar uiteindelik is hy ook darem onder. Ons is uit die digte bos, voor ons lê die riviersand en dan die water. Met die flits kan ons sien waar die bosbok deur die rivier is en anderkant in die baie digte vleigras, biesies en riete in is. Ons draai om.

Ons sukkel weer terug met die wal op en deur die digte bos. Dit is so ruig dat, al loop Kobus net 'n paar tree voor my, ek hom party plekke nie kan sien nie - ek loop maar net agter die skynsel van die flits teen die bosse aan. En sien natuurlik wéér nie 'n enkele doring in die donker raak nie. Nie dat die dorings mý miskyk, of liewer misgryp nie!

Wanneer ons weer by die bakkie kom, besluit ons om net om die land te ry en dan terug huis toe te gaan. Ons sal more oggend baie vroeg weer kom verder soek na die gekweste bosbok.

Wanneer ek die volgende oggend wakker skrik, is dit al baie later as wat ek wou wakker word. My broers en swaers is al lankal weg om die bosbok te gaan soek, hoor ek toe ek koffie en beskuit geniet.

Wanneer hulle uiteindelik sonder die bosbok terugkom, sien ek dat Kobus baie wit in die gesig is.

"Wat makeer jou?" vra ek hom.

"Jy wil nie weet nie," antwoord Kobus - hy lyk behoorlik soos die Engelsman sou sê 'ge-rattle'. "Daardie bos waarin jy en ek gisteraand die bosbok agtervolg het, krioel van die mambas! Ek kan dit net nie glo dat ons gisteraand twee keer deur daardie digte bos is en nie deur 'n mamba gepik is nie!"

Ek kry 'n koue rilling langs my rugraat af - hy kon darem nog sien waar hy loop - ek moes voel!

Toe weet ons waarom daardie plek Makoppa genoem word!

'n Luiperd op *Bosluisbult*

Omtrent 'n jaar of twee ná die vorige storie, bly ek en my vroutjie Mariette op *Bosluisbult*, 'n 67 Ha plasie wat ek by die regering gehuur het vir 'n baie klein huurbedrag per jaar. Dit was een van die plase wat die regering gekoop het om by die destydse tuislande ingelyf te word, maar wat nog nie ingelyf was nie. Dit was naby Elim hospitaal, suidoos van Louis Trichardt.

Bosluisbult was nie rerig die plaas se naam nie, my broer Jopie het dit net so gedoop toe hy die eerste keer daar kom en sien hoe toegegroei en ruig die plek was. Want dit wás ruig en toegegroei en dit het my baie lank gevat om alles om die huis en die een boord weer min of meer skoon en oopgekap te kry.

Die grootste probleem op *Bosluisbult* was die water vir die huis. Die oorspronklike eienaar het die water uit 'n stroompie, wat die een grens van die plaas gevorm het, in 'n grond kanaaltjie ingekeer - die uitkeerpunt was 'n hele ent stroomop op 'n buurplaas. Die water het dan in hierdie grond kanaaltjie al met die kontoer langs geloop tot by die huis - en direk in die huis se waterpype in! Daar was geen tenk om die water te hou nie, net 'n sif waar die water in 'n groot pyp na die huis se waterpype ingaan, om opdrifsels te keer sodat die huis se waterpype nie verstop nie. Verder was daar 'n sement reënwater tenk teen die huis met die bokant van die tenk onder die geut - wat nie aan die huis se pype gekoppel was nie.

Toe ons die eerste keer op die plaas aankom, was daar nie water in die huis nie. Die oom wat ons die plaas gewys het, het net so vaagweg beduie hoe die water werk en gery. Net om te kyk waar die kanaal vandaan kom, het 'n paar weke se gesoek afgegee, want elke tree van die kanaal moes eers oopgekap word. Intussen het ek maar die reënwatertenk vol water gery uit die spruitjie, wat so honderd meter onderkant die huis verby geloop het. Ek het sommer 'n eetlepel swembadchloor in 'n vol tenk water gegooi om seker te maak dis drinkbaar.

Die kontrak waarop ek sou werk, was in Venda, maar aangesien die kontrak nog nie begin het nie, moes ek solank die pad wat ons sou bou, se opmetingskontrole punte soek en skoonmaak. Ek moes ook een gedeelte van die pad op terrein herontwerp met 'n nuwe belyning. My twee opmeting assistente, Elias en Petrus, het saamgekom van my vorige kontrak af en by my op die plaas gebly.

Omdat die werk nog nie eintlik genoeg was om my voltyds besig te hou nie, het ek nie elke dag Venda toe gery nie, en my opmeting assistente is ingespan om die watervoor oop te kap. Ek het ook 'n hoenderhok gebou, en Elias moes daarvoor gaan bloekompale kap op die grens van die plaas, waar 'n paar bloekombome gegroei het. Ek het vir Elias met die bakkie gevat na hierdie bloekombome toe en hom daar afgelaai. Die paadjie was amper die enigste effens oop gedeelte van die plaas, en het met 'n ompad geloop vanaf die huis na die bloekoms toe. Tussen hierdie bloekoms en die huis was net digte bos.

Toe ek weer terugkom by die huis met die bakkie, is ek stomgeslaan van verbasing - want hier staan Elias, sopnat gesweet en baie bewerig.

"En nou, Elias, wat maak jy hier en hoe kom jy voor my hier aan deur hierdie digte bos?" vra ek.

"Hau, toe ek die eerste kap gee met die panga, staan 'n Ingwe hier by my en kyk vir my! Hy het so kwaai vir my gekyk dat ek alles net so gelos het en reguit huis toe gehardloop het. Ek het niks bosse gesien nie!"

"'n Luiperd? Is jy seker?"

"Ek is baie seker - hy was so naby dat ek sy snor kon sien bewe!" sê Elias. Hy lyk sommer bleek.

Ek gaan haal die 375 H&H en my 12 boor haelgeweer in die huis. Elias het nog nooit 'n geweer hanteer nie en ek gee hom 'n baie vinnige kursus in haelgeweer hantering.

Op pad in die bakkie druk ek dit hom op die hart: "Jy dra net die haelgeweer en loop langs my, nie agter my nie, en jy mag nie skiet nie!" Ek weet nie of ek banger is vir die luiperd of vir 'n vuurwapen groentjie met 'n gelaaide haelgeweer *agter* my nie. "Al wanneer jy mag skiet, is wanneer die luiperd my dalk gryp, dan druk jy die geweer teen hom en trek die sneller."

Wanneer ons by die plek kom waar hy begin kap het, is daar soos ek verwag het, geen teken van die luiperd nie. Ons kan die spore ook net sien waar hy gestaan het en die rigting waarin hy geloop het, verder niks. Die bos is te dig. Ek loop met die 375 in 'n baie parate houding - amper soos ons in die weermag op die grens met die R1 geloop het, vir 'n ent in die rigting waarheen hy vermoedelik beweeg het. Maar ons sien niks en ons raas ook so in die digte bos dat ek maar later omdraai. Nou moet ek vir die res van die dag by Elias bly waar hy pale kap, hy wil nie meer alleen daar wees nie.

Intussen bly ons besig met die skoon kappery van die watersloot - ons het nog steeds nie water in die huis nie. Ek het 'n ou madala gehuur sodat hulle nou drie is wat kan skoonkap - Elias en Petrus is te bang om alleen in die bos te werk.

Na omtrent drie weke is die watersloot skoon gekap tot by sy oorsprong - een meter weerskante van die sloot is geskoffel ook. Maar nou is daar 'n ander, baie groter probleem - wanneer ons vandag die water in die sloot kry om 'n ent te loop, is al ons harde werk more weer ongedaan gemaak deur krappe wat gate deur die wal van die sloot grou. Elke dag spook ons om hierdie water verder te laat loop, maar toe my kontrak uiteindelik begin sodat ek elke dag Venda toe moes ry, was die water nog nie eers halfpad huis toe nie. Ek kon dit nooit tot by die huis kry nie. Op 'n stadium het ek darem 'n tweedehandse waterpomp gekoop en 'n plastiek watertenk, en water vanaf die stroompie onderkant die huis gepomp tot in die tenk, en daarvandaan tot in die huis se waterpype.

Maar, al ons werk op die watervoor was darem nie verniet nie - hierdie skoon gekapte paadjie deur die hart van die bos, was die ideale jagpaadjie! Duikers, bosvarke en bosbokke was volop op die plaas - en ons was so arm dat ons net kon vleis eet as ek iets skiet. Ek het selfs eendag 'n njala gesien vanaf hierdie paadjie, maar op die buurman se plaas. En eendag het ek koedoes nét gemis by die bloekombome, hulle spore en mis was baie vars.

Een nag het daar 'n heerlike sagte reëntjie uitgesak en dwarsdeur die nag aangehou. Toe ek die volgende oggend by die kombuisdeur uitstap, steek ek in my spore vas: twee tree van die huis se hoek af is daar twee stelle luiperdspore bo-op die reëntjie van gisteraand! En ons jong rifrug hond slaap elke aand op die voorstoep, en twee luiperds sal seker korte mette maak van 'n jong, onervare hond. (Hierdie hond het later, toe ons 'n naweek weg was, net verdwyn. Ons vermoede was dat die luiperds haar op die ou end dalk tóg gevang het). Mariette wil ook nou nie meer met ons eenjarige seuntjie, Gerhard, buitentoe gaan as ek nie daar is nie.

'n Week later kom my swaer Kobus Oosthuizen en my suster Hannelie vir ons kuier. Kobus is 'n baie goeie skut en wil baie graag iets skiet op die plaas. Saterdagmiddag vat hy die 375, en hy en Hannelie loop met die oop gekapte sloot deur die bos. Die feit dat daar luiperds op die plaas is, maak die jag natuurlik baie meer opwindend, en Kobus moes natuurlik heeltyd met hierdie luiperds in sy agterkop doenig gewees het.

Want op 'n stadium sien hy 'n glimps van iets wat deur die bos hardloop. Hy wéét sommer dit kan net 'n luiperd wees. Die ding moet die sloot nie ver voor hom nie, kruis, en hy staan gereed met die 375. Toe die kop in die sloot verskyn, skiet hy, en daar lê die ding! Maar dis tog te snaaks hoe iets so kan krimp as jy nader stap - want toe hy daar kom lê daar 'n rietrot op die grond, met 'n netjiese 375 H&H koeëlgat perfek deur die kop!

Kort storie lang lieg

My swaer Theo McDonald se pa, Ds. AT McDonald, was die grootste gedeelte van sy lewe 'n predikant in die Hervormde kerk, behalwe vir 'n paar jaar waartydens hy anderkant Dwaalboom amper teen die Botswana grens met beeste geboer het. Dwaalboom is 'n baie klein dorpie en die Hervormde kerk op die dorpie het op daardie stadium seker minder as 30 belydende lidmate gehad - heeltemal te min om 'n predikant te kon bekostig. Dus was dit vir hulle 'n baie groot seën dat oom At (soos ons Ds. McDonald genoem het), nie baie ver van hulle gemeente af geboer het nie.

Oom At het naamlik ingestem om hierdie klein gemeentetjie gratis te bedien - hulle het net sy brandstof betaal as hy Sondae vir hulle kom preek het of vir ander kerk aktiwiteite soontoe moes ry. Maar omdat selfs hierdie minimale koste druk op die klein gemeentetjie se karige fondse geplaas het, het hulle altyd probeer om 'n paar kerklike aktiwiteite te kombineer om onnodige ryery te verhoed.

So het dit gebeur dat hulle, amper soos in die ou dae, op dieselfde naweek byvoorbeeld basaar, nagmaal, gemeentevergadering en sommer ook kerkraadsvergadering sou hou, sodat die kostes beperk kon word. Hierdie storie gaan oor een van hierdie naweke, op die Saterdag se kerkbasaar, soos oom At dit een slag aan my oorvertel het.

Een van die gemeentelede, kom ons noem hom sommer Piet, het spesiaal vir oom At uitgesoek om sy stories voor te kom vertel. Miskien wou hy dalk kyk hoe ver oom At se ontvanklikheid vir die geloofwaardigheid van sy stories strek, want hy het letterlik so 'n paar tree by sommige van sy stories gelieg! Maar nou kan mens hom seker ook nie te erg oordeel nie, hy is darem nie die eerste ou wat al vir 'n dominee (óf vir die Ontvanger) gelieg het nie. Want hy vertel:

"Dominee, ons het mos op die plaas so 'n verskriklike lang vark gehad. Jy sal my nie glo nie, daardie vark was sewe tree lank!"

"Sak Sarel," sê oom At.

"Dis 'n groot lieg daardie, Piet!" sê een van die omstanders uit die kringetjie wat altyd rondom Piet aangroei wanneer hy sy stories vertel.

"Nee, dis die heilige waarheid," sê Piet, en hy begin sommer op die plek af te tree om te demonstreer hoe lank hierdie vark rerig was. Hy gee sulke lang tree en tel terwyl hy loop: "Een, twee, drie...". Hy stop en kyk terug na waar hy begin aftree het, en sê dan verbaas: "Hel, maar dit wás 'n MOERSE vark!"

"Vertel bietjie vir die dominee van die keer toe jy en jou broer met die fietse partytjie toe was," sê een van die omstanders wat hierdie storie al voorheen gehoor het. Dis net die aanmoediging wat Piet wou gehad het, en hy begin vertel:

"Dominee, ek en my broer gaan toe eendag na hierdie groot makietie op een van die buurplase. Ons ry met ons fietse, maar ons is behoorlik fênsie opgedres, kompleet met lang broekspype in die sokkies ingedruk sodat die broek nie in die fietsketting kan ingaan nie. Maar die oom van die plaas waar die partytjie was, se broer kom daar van Marico se wêreld af, wat nie so belangrik was nie. Maar die paar bottels Marico mampoer wat hy saamgebring het, was vir ons nogal taamlik van belang. En ons het omtrent gekuier met daardie bottels mampoer. Soveel so dat ons, met die teruggaan slag baie later die aand, nie ons fietse kon ry nie - ons moes dit stoot.

"Nou kan dominee seker self dink: so 'n gestotery van 'n fiets in die donker is maar 'n neukery, veral as die ou wat stoot nog vol goeie Marico mampoer is. So, ons het nie baie ver gevorder nie, net tot by die eerste vlei langs die pad. Want dit was net daar waar my broer toe vir die vierde keer neerslaan. En net daar bly lê ook. En alhoewel ekself toe nog net drie keer oor mý fiets geval het, het dit vir my op daardie stadium na 'n goeie idee gelyk om ook maar 'n bietjie daar te rus.

"Die volgende oggend vroeg word ek wakker van die warm somerson wat op my skyn. Maar ek sit báie stadig regop - ek weet mos toe al uit ondervinding dat mens so 'n mampoer kop met baie respekte moet behandel. Enige vinnige bewegings of harde geluide moet mos op 'n oggend na so 'n partytjie, liefs vermy word.

"Maar Dominee, wat was my verbasing groot toe ek agterkom dat my kop so vars en helder voel asof ek nie 'n druppel gedrink het daardie vorige aand nie! Ek maak my broer wakker, en hy kom ook so versigtig en met groot respek regop terwyl hy sy kop baie saggies en teer vashou. Maar dan sien ek die verbasing oor sy gesig kom en ek weet hy het, net soos ek, ook geen mampoer nagevolge nie. Dis totaal onverstaanbaar en ongewoon!

"Dominee, dan kyk ek op die grond, en ek sien iets wat amper soos 'n swart kombers lyk reg rondom my en my broer. En ek kyk van baie naby af - en dan verstaan ek skielik alles: want hierdie swart kombers is niks anders as 'n hele swerm vlei muskiete nie - en die hele spul van hulle is totentaal onkapabel en papdronk!"

Oor krokodille en terroriste

In die jare toe ek by die Hidrologie afdeling van Waterwese in die destydse Suidwes-Afrika (vandag Namibië) gewerk het, was krokodille en seekoeie deel van ons lewens wanneer ons die noordelike riviere besoek het. Hierdie riviere, die Kunene, Okavango, Linyanti en Chobe (wat eintlik twee name vir dieselfde rivier is), en die Zambezi het gewemel van die krokodille en seekoeie. En ons moes gereeld op en by hierdie riviere werk. En dikwels binne-in die riviere ook.

So moes ek en Rudi Gaike een slag die watervlak registreerder by Divundu in die Okavango rivier diens. Sommer met die aankomslag sien ons dat die registreerder nie meer werk nie. Dit is 'n sogenoemde Pneumatiese watervlak registreerder. Dit werk op 'n beginsel waar daar lug in 'n pypie onder die water op die bodem van die rivier geblaas word teen 'n sekere druk - die watervlak druk dan van bo af weer op 'n sensor op die 'nozzle' aan die voorpunt van die pypie, en op 'n manier word hierdie twee drukke dan op 'n soort skaal binne in die kamertjie op die wal gebalanseer en van hier af word dan 'n grafiek op 'n strookkaart gedruk.

Die probleem met hierdie tipe registreerder is dat hierdie 'nozzle' na 'n tyd onder die sand op die bodem van die rivier toegespoel word en dan nie meer kan werk nie.

"Ons sal maar moet oopgrawe, dis al manier," sê ek vir Rudi, en hy gaan haal die graaf.

Ons meetstasie is net stroomaf van die brug oor die Okavango rivier by Divundu, wat die grens tussen Kavango en die Wes-Caprivi vorm. Terwyl ek en Rudi nader aan die water staan met die graaf, hou 'n paar weermagmanne ons dop van die brug af. Ons trek ons hemde en kouse en skoene uit, en dan duik ek met die graaf af tot op die bodem. Dit is net soos ons gedink het - die 'nozzle' is totaal toegespoel onder 'n hoop sand. Ek los die graaf onder en kom weer op om asem te skep.

"Ons sal moet beurte maak met die graaf," sê ek vir Rudi. "Ek sal eerste induik en met die graaf die sand wegskep totdat my asem opraak. Jy moet met jou voete op my skouers staan om my onder te hou, anders gaan ek net vanself weer opkom. As my asem opraak sal ek aan jou been pluk dat jy van my skouers kan afklim. Dan kan jy weer afduik en ek sal op jou skouers staan" sê ek vir Rudi.

"Dis reg so," sê Rudi.

Dit klink amper of die weermagmanne op die brug iets skreeu, maar ons kan nie uitmaak wat hulle sê nie. Ek vat 'n groot asemteug en duik af. Wanneer Rudi my skouers vastrap, begin ek vinnig skep met die graaf. Wanneer my asem opraak, pluk ek Rudi se been en wanneer hy afklim van my skouers, kom ek op en trek my longe vol vars lug. Dan duik Rudi weer af en ek staan op sy skouers.

Van die brug af skreeu die weermagmanne nou harder - hulle beduie ook iets, maar ons kan nie uitmaak wat nie. Ook nie of hulle vir ons skreeu nie, dit klink amper so.

Teen die tyd dat ek en Rudi, na omtrent 'n driekwartuur van so om die beurt met die graaf werk, uiteindelik die 'nozzle' onder die sand uit het, is die weermagmanne op die brug omtrent histeries soos hulle vir ons skreeu - want teen hierdie tyd is ons al doodseker dat hulle definitief vir ons skreeu. Maar ons kan nog steeds nie hoor waaroor hulle nou eintlik so te kere gaan nie.

Toe ons, nadat ons die registreerder weer in 'n werkende toestand het, met die bakkie op die brug by die weermagmanne stilhou, is die outjies so kwaad vir ons dat ons dog hulle gaan ons aanrand.

"Het julle nie gehoor ons skreeu vir julle nie?" vra die korporaal, hoogs ontstoke.

"Ja, ons het gehoor julle skreeu, maar ons kon nie hoor wat julle skreeu of vir wie julle skreeu nie," sê ek.

"Ons het vir julle geskreeu julle moet uit die water uit kom, hier is baie krokodille! Hier is gister 'n swart vrou net hier onder die brug deur 'n krokodil gevang," sê hy. Hy is nog steeds baie kwaad vir ons.

"O," sê ek, "baie dankie, maar gelukkig het ons darem niks oorgekom nie."

Toe is hy eers kwaad vir ons!

'n Ander keer is ek en Clive Legge by die Weermagbasis op Ruacana. Ons praat met die Kommandant - ons het gehoor daar is baie bedrywigheid op die grens by die Ruacana waterval en ons wil hoor wat die situasie is aan die onderkant van die valle, waar ons meetstasie is.

"Jong, julle moet maar oppas," sê die Kommandant, "ons het in die afgelope tyd 'n paar keer slaags geraak met terroriste, en daar is beweging oorkant die rivier onderkant die valle. Kyk uit vir die rooidakhuis oorkant die rivier - ons weet dit huisves soms terroriste."

"Nou gee dan vir ons 'n paar manne om saam met ons te gaan," vra Clive.

"O nee," sê die Kommandant, "dit kan dalk net 'n oorgrens insident laat plaasvind."

Ons kyk verstom na hom - ons moet *versigtig wees* - hoe doen jy dit? En wat van as daar 'n *oorgrens insident* met óns plaasvind - is ons dan so onbelangrik dat dit nou nie eintlik sal saak maak nie?

"O, en nog 'n ding" sê die Kommandant toe ons groet, "pasop vir krokodille in die water."

"Dankie vir jou vriendelike behulpsaamheid, Kommandant," dink ons sarkasties toe ons met 'n beswaarde gemoed met die slegte paadjie afry na die onderkant van die valle toe. Maar sy raad het nog meer negatiewe gevolge, kom ons agter as ons by ons meetstasie stilhou. Want altwee Ovambo's weier volstrek om naby die water te kom - hulle het mooi geluister na wat die Kommandant gesê het!

Ek en Clive moet maar mooitjies die gasbottels, sweismasjien, meetplate en swaar kanaalyster aflaai en aandra rivier toe. En self al die werk doen: kolomme bou, kanaalyster daarop vassweis, gaatjies daarin brand waar ons die meetplate met lang klinknaels vassit ensovoorts. Dit alles terwyl ons halflyf in die water staan en kort-kort angstig na die rooidakhuis, wat so 150 meter stroomaf op die oorkantste wal staan, loer. Reg oorkant ons is 'n kleiner platdakhuisie wat ons ook wantrouig beskou: wie sê daar bly nie ook terroriste nie? Deurentyd kan jy nog boonop nie help om te wonder presies wanneer die krokodil jou hier onder die water gaan gryp en waar presies sy tande eerste gaan vat nie.

Om bloot te beweer dat ons gestres het, sou dieselfde wees as om vir iemand te vertel: "Ek het rustig weggedraf toe die leeu my storm." Nee, ons was daardie aand nie net vrek moeg gewerk nie, ons was vrek moeg gestres ook! Met stywe nekke van die voortdurende omkyk na die oorkant van die rivier vir terroriste en seer oë van binne in die water te probeer kyk vir krokodille.

Die volgende dag, toe hulle nou 'n hele dag lank die geleentheid gehad het om te sien dat ons niks oorkom nie én toe die swaar werk binne in die water klaar was, was die Ovambos weer ewe behulpsaam om met die maklike werk op die droë grond te help!

In November 1978, is ek, weer saam met Clive, by die Epupa watervalle op die noordgrens van die Kaokoveld. Op Ohopoho is ons (weer!) deur 'n Majoor Lombard gewaarsku teen *beweging* wat opgemerk is oorkant die Kunene rivier, en dat ons nie by Epupa self moes kamp nie.

Maar teen hierdie tyd het ons ook al 'n bietjie verander. Ons het aan die een kant meer *mak* geraak teenoor die terroristegevaar, maar aan die anderkant ook begin besef dat ons in die verlede dalk heeltemal *té mak* geword het oor die krokodille - trouens, ons het begin besef dat ons eintlik voorheen 'n bietjie domastrant aangaande krokodille en seekoeie was.

Om hierdie rede het ons by Epupa onder 'n groot boom met laag hangende takke gekamp, met 'n seil tot in die water. Ons het ons sentrifugale pomp op die seil staangemaak, met die leweringspyp bo-oor 'n tak en eerder onder hierdie pyp gestort as om in die water te swem. Want vanaf Epupa stroomaf na Marienfluss se kant toe, was daar báie krokodille, ons het hulle altyd gesien lê op die sandbanke langs die oewers en op die eilandjies in die stroom. Maar daardie wêreld was ongenadiglik warm in Novembermaand, daarom dat ons die "stort" prakseer het.

Op Epupa was daar twee meetstasies: een 'n ent stroomaf tussen die rotse, waarheen alle toerusting gedra moes word - daar was nie 'n pad na hierdie meetstasie toe nie. Die ander meetstasie, waar daar 'n kabel oor die rivier was om spoedmetings mee te doen, was omtrent 'n kilometer stroomop vanaf ons kampplek. Soos ons van die een meetstasie na die ander beweeg het, het ons telkens eers by die kamp gestop om sommer met klere en al te stort - dit was net eenvoudig onhoudbaar warm.

Die Woensdagmiddag arriveer Piet Herbst, Hidrologie se grootbaas, saam met twee ander van ons kollegas, Dirk Plathe en Felix Wernheyer, by ons kamp. Na middagete doen elkeen 'n ander werk op die twee meetstasies. Die aand kuier ons lekker saam om die kampvuur, en die volgende oggend werk ons verder. Ons sukkel weereens met 'n Pneumatiese registreerder se 'nozzle' wat in die modder vassit en, nadat ek weer (vinnig!) moes afduik om 'n tou om die stuk staalpyp waaraan die nozzle vas is, vas te maak, kry ons dit met almal se gesamentlike krag na 'n lang gespook uit die modder gelig.

Dan is dit ook tyd vir middagete - ons almal behalwe Dirk en Felix ry terug kamp toe. Nadat ons klaar geëet (en gestort) het, ry ons weer op na die meetstasie. Wanneer ons stilhou, klim Dirk net uit die water, hy het geswem. Dan wys Felix na die eiland in die stroom, waarvandaan Dirk blykbaar teruggeswem het toe hy die voertuig hoor aankom: op die eiland verskyn daar 'n reusekrokodil!

Dirk het daardie krokodil met seker 'n half minuut gemis!

'n Vinger in 'n wenas

In die tyd toe ek vir nege maande in 'n tent in die plat Namib noord van Hentiesbaai gebly het, kom Clive Legge daar verby op pad van die *Seekus van die dood* af. Hy deel my kampvuur vir die aand en ons kuier lekker om 'n potjie.

"Jy moet my more bietjie kom help met 'n ding met daardie wiensh op jou bakkie," sê Clive. Dis natuurlik sy Boere afrikaanse woord vir 'n wenas.

"Wat wil jy doen?" vra ek.

"Hier bo waar jy afdraai van die soutpad af staan daar so 'n ou bouval van 'n klein geboutjie," sê Clive, "en daar is 'n stuk ysterbalk aan die bokant van die muur wat ek handig kan gebruik, maar dit sit te vas en ek kry dit nie uit nie. Miskien sal ons dit met die wiensh uitgetrek kry."

So ry ek toe die volgende oggend saam met Clive na die bouval toe. Dit was duidelik 'n baie klein geboutjie, amper net 'n kamer. Waarvoor sou dit gebruik gewees het en wie het dit daar gebou? En hoe lank gelede sou dit gewees het? Dit kom waarskynlik nog uit die Duitse tyd, maar waarvoor sou hulle dit so in die middel van die woestyn gebou het?

Die balk is in die bokant van die muur vasgebou, die dak het seker daarop gerus. 'n Goeie voorbeeld van tipiese Duitse deeglikheid! Ons haak die wenas se kabel om die balk - Clive het die vorige dag 'n gat onder die balk deur die muur gemaak. Dan stoot ek 'n ent terug, sit die Ford bakkie in donkierat en trurat, en begin trek. Maar daardie balk sit! Die kabel span so styf soos 'n snaar, maar die balk roer nie. Dan breek twee of drie van die staaldraadjies van die wenas kabel en ek stop dadelik. Ons bekyk die kabel: op een plek is daar drie van die draadjies waaruit die kabel opgemaak is, afgebreek en steek met skerp punte uit. Ek voer die kabel versigtig terug op die wenas tol. Ons gaan nie hond haaraf maak met hierdie balk nie!

'n Paar dae later kom daar 'n seun by my tentjie aangeloop. "Kan oom ons dalk kom help?" vra hy, "ons sit vas met ons Kombi in die sand!"

"Nou goed, klim in, dan gaan kyk ons," sê ek.

Ons ry met die Ford bakkie tot by die kombi, wat tot op sy pens in die sand vasgeval het. Baie gou het ek die wenas kabel vooraan die Kombi gehaak en sleep ek dit uit die sand uit. Dan tou ek dit nog 'n entjie verder tot in die harde sandpaadjie en haak af.

Nadat die mense gegroet en gery het, voer ek die kabel terug in die wenas se katrol in. Ek werk die kontrole op die wenas met my linkerhand en voer die kabel met my regterhand sodat dit netjies op die spoel opdraai.

Die volgende oomblik haak een van die afgebreekte wenas draadjies se skerp punt in die snellervinger van my regterhand in en trek dit saam na die spoel toe. Hoe dom is 'n linkerhand nie in 'n krisis nie! Terwyl die wenas my regterhand meedoënloos nader na die spoel toe trek, probeer my dom linkerhand paniekerig die knoppie na die stop-kant toe draai.

Ek kry die wenas gestop wanneer my vinger al halfpad in die wenas spoel ingetrek is - nou moet die linkerhand dit in trurat sit om my vinger weer uit te kry. Uiteindelik staan ek met die bebloede vinger buitekant - dit lyk of dit half oopgebars het en ek draai vinnig 'n sakdoek styf om die vinger op die drukpunt teen die palm van my hand.

Ek sukkel die wenas kabel heeltemal terug op die spoel en klim in die bakkie met my vinger in die lug - dit lyk soos 'n bloedrooi oopgebarste roos. Gelukkig voel ek geen pyn nie - dit sal seker wel later kom!

Wat nou? Daar is 'n klein kliniek op Hentiesbaai en ek ry soontoe. Wanneer ek in die kliniek instap, is daar 'n vrou met 'n verpleegster uniform aan. Ek is baie verbaas as ek haar reaksie sien: dit lyk of sy wil flou word! Is sy nie veronderstel om sulke goed te ken nie? En dan begin ek weer "worry" - is dit dan so erg?

"Jammer," sê sy, "ek kan jou nie help nie, jy sal Swakopmund hospitaal toe moet ry sodat hulle kan kyk wat hulle kan doen."

Nou moet ek die 70 kilometer met die soutpad Swakopmund toe ry met my blomvinger in die lug - gelukkig sit die rathefboom links! So twintig kilometer van Swakopmund af kom die pyn skielik deur - dit klop sommer so deur my vinger. Ek is baie bly toe ek uiteindelik voor die katolieke hospitaal in Swakopmund stilhou en die non my sommer eerste van alles 'n pyninspuiting gee. Daarna maak hulle die vinger mooi skoon, druk dit weer min of meer in proporsie in en werk die spul toe met 'n klomp steke. 'n Ruk later ry ek weer terug Henties toe met 'n klomp pynpille in my sak.

Vir die volgende week moes ek elke dag Swakop toe ry en ek kon eers baie jare later die vinger genoeg gebuig kry om mee te kan skiet. Maar op daardie stadium was ek al so gewoond om met my middelvinger die sneller te trek dat ek vandag nog met hierdie vinger skiet.

Saam met Matthew plaas toe

Hier in die laat sewentiger jare van die vorige eeu was 375 H&H patrone skaarser as hoendertande. Sjoe, dit klink erg - so asof ek al vrek oud is - en nee dankie, ek stel glad nie belang in julle jong manne se afgesaagde grappies oor my ouderdom nie!

Selfs punte om self te herlaai kon jy nie maklik in die hande kry nie. By elke vuurwapenwinkel waar jy ingeloop het, het jy verskonend en so half agter jou hand gevra of hulle nie dalk patrone het nie - want jy was nie lus dat almal moet hoor wat jy vra en wéér vir jou moet lag, soos by die vorige winkels nie.

As die winkel dan nog dálk per toeval iewers vandaan 'n paar patrone of punte gekry het, sou jy hoor: "Ek kan vir jou vyf patrone gee." Of dalk sou hulle jou miskien tien punte kon gee. Toe my vriend Matthew Shepperson aanbied om my te leer om my eie ammunisie te laai, het ek naderhand net vir punte gesoek.

Toe ek eendag, in die voorjaar van 1978, weer by Rosenthal se vuurwapen winkel in Windhoek inloop en (saggies) vra of hulle dalk 375 H&H punte het, was ek dus heeltemal stomgeslaan van verbasing toe die jong man agter die toonbank vir my vra: "Hoeveel wil jy hê?"

Ek koop daardie dag sommer 300 punte - dit was Speer se 235 grein sagte punte - ek wou nooit weer sukkel nie! Ek koop ook kruit en slagdoppies.

Toe wou ek natuurlik so gou as moontlik begin herlaai, en ek spreek met Matthew af dat ons die volgende naweek na hulle plaas naby die Omatako's toe sou gaan en vir my patrone laai. Sy pa het drie plase gehad in daardie omgewing - sy eie, wat suid van die Omatako koppe was, en dan het hy vir sy twee seuns, Matthew en Terry, ook elkeen 'n plaas gekoop. Matthew se plaas was noord van die Omatako koppe, en ons sou soontoe ook gaan en 'n nag daar gaan slaap.

Ons ry die Vrydag twaalfuur uit Windhoek weg, want dit is 'n vol naweek wat ons beplan! My Winchester 375 H&H gaan natuurlik saam, en my Obendorf Mauser .22 ook. En natuurlik my 12 boor haelgeweer, wat altyd saamry.

Na die groetery begin ons dadelik herlaai. Matthew verduidelik baie geduldig waarvoor elke proses gebruik word en ek let baie fyn op na wat hy doen. Lyman se handboek gee 'n beginlading van 64 grein IMR3031 kruit, wat omtrent dieselfde kruit is as die MR2 kruit wat ek gekoop het. Dit maak die lang 375 H&H dop amper vol en die kruit kraak sommer so as ons die punt indruk (of verbeel ek my net?) Met al die ander kalibers wat Matthew laai, het hy nog nie een gehad waar die dop so vol kruit is nie. Daarom kontroleer hy weer alles van voor af, maar daar is nie fout nie.

Nou moet die drie patrone wat ons gelaai het, geskiet word, maar ek is nou te bang om daardie vol doppe af te skiet! Matthew is seker van sy werk - hy sê hy sal skiet. Ons ry met my bakkie tot by die plek op die plaas waar hulle altyd hulle gewere inskiet.

"Ons het vergeet om 'n teiken saam te bring," sê Matthew, "het jy iets op jou bakkie waarna ons kan skiet?"

Ek kyk op die bakkie, al wat daar is, is die vyf 2 millimeter dik sagte staal valplate wat ek vir my rewolwer gemaak het - dis 150 mm by 150mm groot.

"Sal hierdie valplaat werk?" vra ek.

"Ja, kom ons sit een op," antwoord Matthew.

Ons maak die valplaat staan en ry honderd meter terug. Matthew lê aan oor die bak van die bakkie. Ek druk my ore toe en staan 'n héle entjie weg - so ongemerk wanneer Matthew nie kyk nie. Ek onthou mos hoe vol kruit was daardie dop!

Wanneer Matthew skiet, staan die valplaat net so - dit roer nie eers nie. Maar die geweer ontplof darem nie!

"Dis seker mis," sê ek vir Matthew.

"Ek weet nie, laat ek weer skiet." Hy skiet die ander twee patrone vinnig na mekaar. Weer roer die valplaat nie eers nie.

"Kom ons gaan kyk," sê Matthew.

Ons ry soontoe - in die valplaat sit 3 netjiese ronde gaatjies bymekaar, dit lyk asof dit deur die plaat gepons is. Daar is nie eers 'n effense metaal riffie aan die agterkant van die gaatjies nie.

"Sjoe, wat 'n geweer - en wat 'n skut!" So dink ek by myself.

Ons ry terug huis toe en laai al dertig doppe wat ek het vol - ook die drie wat Matthew geskiet het. Nou is ek reg vir jag!

Skemeraand hou Matthew se broer Terry op die werf stil. Hy stel my voor aan die twee Duitse meisies wat saam met hom gekom het. Die een is sy meisie, en die ander een, Ulrike wat hulle sommer Kike noem, is 'n vriendin van haar. Alhoewel hulle Kike nie as Matthew se meisie aan my voorstel nie, lyk dit tog of die twee dalk heelwat meer as net bloot vriende is.

Ek voel die aand nogal taamlik soos die vyfde wiel aan die wa, maar, behalwe dat Matthew en Kicke vir 'n tyd lank verdwyn, is Terry, Matthew en albei meisies baie vriendelik met my en laat my nie voel of ek 'n indringer is nie. Ons kuier baie lekker saam die aand - speel kitaar en sing en gesels en lag.

Die volgende oggend na ontbyt loop ons op en om die werf rond. Ons gaan kyk na die paar beeste in die kraal en 'n klim op 'n koppie naby die huis, vanwaar mens die Omatako koppe mooi kan sien. Matthew beduie waar sy plaas anderkant hierdie koppe lê.

Wanneer ons by die huis terugkom, is ons dors en warm. Ons kry Matthew se ma in die kombuis. "Wil julle lekker koel dikmelk hê?" vra sy.

Ek het nog nooit dikmelk gedrink nie en sê dat ek eers wil proe. Sy vat 'n groot kalbas, met 'n gehekelde lappie bo-oor, van die kombuiskas af, skink vir Matthew en Terry elkeen 'n glas vol en vir my 'n klein bietjie. Die meisies wil nie hê nie.

Die dikmelk se smaak is vir my vreemd, maar dit is heerlik koel so uit die kalbas uit en ek is dors en warm.

"Tannie kan maar skink," sê ek. Sy gooi my glas vol en ek drink.

Na die glase dikmelk klim ons almal in die plaasbakkie, die twee meisies voorin en ons drie mans agterop. Matthew sit sy .308 in die geweerrak agter op die bakkie en hou die .22 by hom. Kike bestuur. Wanneer ons tarentale kry, sê Matthew sy moet stop, hy wil een skiet. Om een of ander rede wil Kike nie daarvaan hoor dat Matthew 'n tarentaal skiet nie en sy gee vet. So in die ry skiet Matthew na die tarentaal, wat opgevlieg het. Sy derde skoot met die .22 is raak en daar val die tarentaal! Nou stop Kike darem dat hy die tarentaal kan oplaai.

75

'n Entjie verder stop Kike by die hek. Langs die lyndraad, omtrent 160 meter ver, is gemsbokke net besig om in die bos in te beweeg. Matthew gryp sy 308 van die geweerrak agter op die bakkie, spring af en sak op sy een knie neer. Wanneer die volgende gemsbok in die paadjie langs die draad beweeg, skiet Matthew. Die gemsbok val.

"Mooi skoot, Matthew!" sê Terry se meisie. Ons ry langs die draad op tot by die gemsbok. Die ingangskoot op die bok is baie ver agter, maar die gemsbok is nietemin dood. (Die bok het seker redelik skuins gestaan en die koeël moes iewers 'n vitale orgaan getref het.)

"Swak skoot, Matthew!" sê Kike - jy kan nie 'n Suidwes plaasmeisie flous nie. Iewers tussen gisteraand en vanoggend moes Matthew seker iets baie verkeerd gedoen het om haar só kwaad te maak!

Ons laai die gemsbok op die bakkie en ry verder.

Dan maak my maag so 'n gor geluid, saam met 'n venynige kramp. En na 'n rukkie weer. Later is dit sommer 'n aanhoudende kramp. Dit kan net daardie dikmelk wees!

Wanneer ons uiteindelik by die huis stilhou, sit ek al lankal inmekaar getrek plat agter op die bak en bid dat ek tog groot asseblief nie 'n vreeslike skande voor al hierdie mense moet oorkom nie. Ek klim versigtig van die bakkie af en probeer om so vinnig as wat my opgeblaasde toestand my toelaat en terselfdertyd nog effektief te knýp ook, tot by die verste toilet in die huis te kom. Dit is 'n groot risiko om na die verste toilet toe te loop en nie die naaste een nie, maar ek het 'n baie sterk vermoede hierdie toiletbesoek gaan dalk 'n baie raserige affere wees en ek wil so ver as ek kan vanaf enige moontlike luisteraars wees!

Nou ja, dit sou seker swak smaak wees om te vertel van die stormagtige verdere verloop van gebeure, so ek sal maar volstaan met dit wat ek myself op daardie stadium voorgeneem het: "Nooit in my lewe drink ek weer dikmelk nie!"

Na die Saterdag middagete, wanneer Terry en die twee meisies gery het, ry ek en Matthew met sy bakkie na sy plaas toe. Dis seker 40 kilometer van sy pa se plaas af. Op die plaaspaadjie in Matthew se plaas in, stop hy op twee plekke dat ek twee duiwe met die .22 kan skiet vir aas om babers mee te vang. Ons ry tot by die plaasdam.

"Ons kamp sommer hier," sê Matthew. Daar is nie 'n opstal op sy plaas nie. Ons gooi 'n seil op die grond oop onder 'n besonder groot mopanieboom se koelte en gooi ons slaapsakke oop daarop. Dit is ons kamp, behalwe as jy die wors, brood en rooster wat Matthew saamgebring het, ook as kamptoerusting wil klassifiseer.

Matthew haal dik vislyn uit sy bakkie en groterige hoeke. Ons maak vir ons elkeen 'n handlyn daarvan, sit 'n lekker sopperige stuk duif binnegoed aan elke hoek, en gooi in.

"Was hierdie dam dan vir 'n paar jaar vol?" vra ek vir Matthew, "dat hier nou babers in is?"

"Nee," sê Matthew, "hierdie dam was vir twee jaar lank droog. Daar is mos maar altyd babers in 'n plaasdam, geen mens weet waar kom hulle vandaan nie. Maar hierdie dam het gróót babers."

My ondervinding met babers is dat jy taamlik geduld moet hê, jy kan nie haastig word met 'n baber nie. Dis ook nog nie rerig laat genoeg in die middag vir visvang piektyd nie, daarom gaan sit ons op die seil in die koelte. Nadat ons 'n rukkie lank gesels het, staan Matthew op en haal die twee .22's uit die bakkie uit, met 'n vol pakkie patrone. Ek het al agtergekom dat Matthew taamlik skieterig is, of sê mens dalk hy is *skiets*? As 'n ding beweeg, wil hy skiet. Maar as daar niks is wat beweeg in die nabyheid nie, soos nou, is iets wat nie beweeg nie ook maar reg. So 20 meter van ons af, is daar 'n regop dooie tak van omtrent twee sentimeter dik wat uit 'n boom se stam gegroei het.

"Kom ons kyk of ons daardie tak afgesaag kry met die .22's," sê Matthew. Hy vat korrel met sy .22 met die teleskoop op, en skiet 'n kepie heel op die linkerkantste ronding van die tak uit. "Toe, nou jou beurt," sê hy vir my.

Ek vat my Mauser .22 met die oop visier, vat fyn korrel en skiet die kepie wat hy geskiet het, so 'n bietjie dieper in die tak in. Hierdie Mauser .22 is baie akkuraat. Dan skiet Matthew weer, en dan weer ek. So saag ons daardie takkie totdat Matthew met die laaste skoot die laaste stukkie bas aan die regterkant van die tak afskiet.

Dan sê hy skielik: "Jou vislyn, jy het 'n byt!"

Ek spring op en hardloop na my vislyn toe. Ek vang die stukkie stok waaraan ek die lyn vasgemaak het, net-net in die vlakwater voordat dit in die dam ingetrek word. Daar is 'n groot ding aan die hoek! Die ding spook verskriklik, ek moet hou wat ek het! Dit voel amper of dit my in die water wil intrek. Maar net vir 'n kort rukkie, dan is sy gó uit en ek trek die baie swaar, dooie gewig uit die water.

Dit is 'n massiewe baber met 'n vreeslike breë kop! Ek moet vát om dit aan die kop op te lig en regop te hou sodat Matthew 'n foto kan neem. Wanneer die baber se bek by my ken is, hang die stert nog op die grond. Ek het nog nooit so 'n groot baber gesien nie, wat nog te sê gevang! Ons haal die binnegoed uit en hang dit aan die boom op - ons sal dit more vir een van die plaasarbeiders gee.

Nadat ons 'n lang ent op die plaas gaan stap het, soek ons 'n paar rooibos en mopaniestompe en maak 'n lekker kampvuur. Matthew skink vir hom 'n dop en ek drink 'n Windhoek lager. Daarna braai ons die wors en eet dit saam met stukke brood wat ons van sy ma se vars gebakte brood afbreek. Daarna lê ons bo-op ons slaapsakke om die kampvuur en ruil stories uit, totdat ek insluimer.

Ek skrik wakker van 'n donderende slag en sit vervaard regop. Dis Matthew wat nie die versoeking kon weerstaan om weer 'n skoot met my 375 H&H te skiet nie! Maar hy het hierdie slag 'n klein oordeelsfoutjie gemaak: mens lê nie en skiet met 'n 375 met 'n teleskoop op nie! Veral nie as dit nie 'n 'long eye relief' teleskoop is nie. Dis net daar waar hy toe lid word van die "Halfmoon club", want hy bloei! Wanneer hy die bloed afvee, sit daar 'n perfekte halfmaan bokant sy regter wenkbrou ingesny. Ek het die volgende oggend sy ooghare een vir een uit die rubber om die teleskoop se oogstuk uitgetrek. (Ek het hierdie teleskoop die Maandag na die naweek verwyder en later vir my broer present gegee, en lank daarna 'n ander teleskoop met 'n 'long eye relief' opgesit.)

Die volgende middag, terug by sy pa se plaas, sit ek en Matthew buitekant na die middagete. Sy pa en ma het so 'n bietjie gaan skuinslê. Dan kom Terry om die hoek van die huis met sy .22.

"Julle moet kom kyk, hier is 'n slang op die werf!" sê hy. Matthew gaan haal eers sy .22 ook, dan loop ons na die agterkant van die huis saam met Terry. Dis 'n groterige slang, van die soort wat die Suidwesters eenvoudig 'n *swartslang* noem. Die slang lê lankuit op 'n dwarstak op een van die struike. Matthew en Terry gaan sit altwee op hulle boude en skiet om die beurt na die slang se kop. Maar hierdie twee Suidwesters, wat altwee uitstekende skuts is, kan nie hierdie slang se kop raakskiet nie! Omdat daar nie grond of iets anders agter die slang is nie, kan hulle ook nie uitmaak waar hulle skote gaan nie - of dit te laag of te hoog is nie.

Toe gaan haal ek maar my twaalfboor met 'n nommer 3 patroon, en skiet met een skoot die slang se hele kop weg! En - te laat daaraan gedink - seker ook die twee oumense se middagslapie in sy kanon in!

Eers baie jare later, toe ek ballistiek lesings vir BJV kursusgangers aangebied het, het ek agtergekom hoekom die twee Shepperson broers daardie dag nie die slang se kop kon raakskiet nie. Omdat altwee met teleskoop gewere geskiet het, en omdat dit baie naby was, het hulle altwee elke keer *onder* die slang se kop deur geskiet. Hulle het nie rekening gehou met daardie teleskoop (en dus hulle siglyn) wat 50mm bokant die loop van die geweer (en dus die baan van die koeël) sit nie!

'n Gratis buffelkoei

Die tweede keer dat my vriend Daan Roux saam met die groep wildboere New Zealand toe is, pas ek weer 'n slag sy plaas *Kondowe* op. Soos die vorige keer, is my roetine deur die dag hoofsaaklik om die grense om te ry en ook deur die plaas om te kyk vir moontlike wilddiewe.

Op die betrokke dag waaroor hierdie storie gaan, die Donderdag voor 'n vier dag lang naweek, is ek besig om langs die oostelike grens op te ry wanneer ek naby die draad, in die buurman se grond, 'n buffelkoei gewaar. Ek is so verbaas oor wat ek sien, dat ek met die verkyker dubbeld seker maak, al staan die koei net maar omtrent 40 tree van my af weg. As ek die groot wit van die binnekant van die oog sien, en dat dit boonop lyk asof sy daardie wit oë hemelwaarts rol, weet ek dat my oë my nie bedrieg het nie: dit is 'n buffelkoei.

Nie een van die bure hou buffels aan nie, en buitendien is dit maar 'n kleinerige driehoek van die plaas waarin hierdie buffel loop. Sy kan net van een plek af kom, en dit is die Letaba Ranch Provinsiale wildtuin. Ek weet dat al die boere in die omgewing reeds talle vertoë en waarskuwings aan die regering gerig het dat Letaba Ranch se heinings in 'n haglike toestand is, en dat hulle dit dringend moet herstel voordat daar dalk bek-en-klouseer onder die boere se beeste uitbreek - want buffels is mos draers van die bek-en-klouseer siekte. Tot selfs die lemoenboere het ernstige vertoë gerig, want hulle is deur hulle Japannese kliënte gewaarsku dat hulle lemoene nie meer aanvaar sou word as bek-en-klouseer in hierdie omgewing uitbreek nie. (Wat lemoene nou met bek-en-klouseer te doen kon hê, weet nugter alleen!)

Dus: hierdie buffel mag onder geen omstandighede hier wees nie - dit staan boonop nog tussen die buurplaas se beeste. En, voordat enigiemand anders nog eers van die buffel weet, weet ek dat ek hierdie buffel vandag gaan skiet - en gratis boonop!

Nadat ek 'n toiletpapiertjie aan die heining vasgemaak het, ry ek so 'n entjie verder teen die lyndraad op tot by die hoogste punt, waar ek uit vorige ondervinding weet dat ek selfoonsein het. Ek bel vir Elize Osmers, wat hoof is van die Hans Merensky Provinsiale wildtuin naby Eiland. Ek vertel haar van die buffel en sy sê dat sy en Siegfried, haar man, sal kom kyk. Ek beduie vir haar waar om my by *Kondowe* se ingangshek op die Letaba Ranch pad te ontmoet.

Dan bel ek vir Daan se enigste buurman, oom Willie Schaap, en vra vir hom wie se grond dit is waarop ek die buffel gesien het.

"Jong," sê oom Willie, "dit is die regering se grond - een van die sogenaamde Trust plase."

"Is daar iemand op vir wie ons kan kontak?" vra ek.

"Nee, al wat daar is, is 'n swart voorman. Maar hy is vanoggend al weg na sy huis op Bosbokrand. Hy sal seker eers Dinsdag terug wees." sê oom Willie. "Julle moet maar kyk hoe julle daar kan inkom, laat weet maar as ek julle moet kom help."

Ek ry deur die plaas tot by die ingangshek van *Kondowe* en wag so 15 minute voordat Siegfried en Elize daar aankom. Nadat ons gegroet het, is Elize se eerste vraag: "Is jy seker dit was 'n buffel?".

"Doodseker," sê ek, "sy was baie naby en ek het nog boonop met die verkyker ook gekyk om baie seker te maak."

"Waar is sy nou?" is Elize se volgende vraag.

"Ek het 'n stukkie toiletpapier in die draad vasgemaak regoor die plek waar sy gestaan het, sy sal seker nie meer daar wees nie, maar ons kan haar spoor van daar af volg. Ry agter my aan tot by die huis dan los ons julle bakkie daar en ry met my Landcruiser tot by die buffel." sê ek en ry met my Landcruiser voor hulle uit.

By die huis stop ons en, wanneer Siegfried en Elize by my ingeklim het, ry ons tot by die stukkie toiletpapier in die draad. Soos ek verwag het, is die buffel nie meer daar nie.

"Ons sal nie deur hierdie draad kom nie," sê Siegfried nadat hy Daan se lyndraad so 'n rukkie lank beskou het. "Kom ons ry tot by hierdie stukkie grond se ingangshek op die grootpad."

Ons ry langs die lyndraad af tot in die noordoostelike hoek van *Kondowe*, sluit die hek oop en ry deur tot in die grondpad. Hierdie trustgrond loop in 'n driehoek wat doodloop by die hoek wat *Kondowe* met die grondpad van Gravelotte na Letaba Ranch toe maak. Ons ry 'n entjie met die pad terug in die rigting van Gravelotte totdat ons by 'n hek kom. Dit is toegesluit.

Terwyl Elize in die grondpad op die hoogste punt staan om Natuurbewaring in Phalaborwa te bel, kyk ek en Siegfried watter plan ons kan maak om by die hek in te kom. Ek sien Siegfried is baie lus om die slot af te skiet, maar ek het 'n ander plan: "Kom ons draai net die boute aan die agterkant van die hek af," sê ek vir Siegfried, "dan maak ons die hek van die verkeerde kant af oop."

Terwyl ek en Siegfried besig is, hoor ons hoe Elize met iemand van Natuurbewaring op Phalaborwa praat. Ek lei af die persoon vra of ons gewere by ons het, want sy antwoord: "Ja, ons het twee 375 H&H's hier." Dan luister sy weer en antwoord weer die persoon: "Goed, ons maak so."

Sy kom na ons toe en sê: "Ek het met die persoon wat Natuurbewaring se probleemdier beheer doen, gepraat. Hy sê hy kan nie nou kom nie, hy moet 'n probleemolifant gaan skiet en vra dat ons hierdie buffel moet doodskiet."

"Wil jy hom skiet?" vra Siegfried vir my. Wat 'n vraag! Natuurlik wil ek! En ek het mos al gesê ek het geweet ek gaan hierdie buffel skiet nog voordat iemand geweet het daar is 'n buffel!

Ons ry deur die hek. Binne is daar 'n dam met 'n paar krippe. Wanneer ons verby ry, sien ons dat die dam en al die krippe dolleeg is. En hierdie voorman kom eers Dinsdag terug! Waar gaan al hierdie beeste water kry tot Dinsdag? En volgens oom Willie het hy vanoggend gery huis toe - so hy het die plaas net so sonder water gelos en huis toe gegaan!

Ons ry binne in die plaas langs die draad teen die grondpad af tot by die hoek, en dan weer teen *Kondowe* se grensdraad tot by die stukkie toiletpapier - dis omtrent in lyn regoor die dam en die krip by die hek wat ons afgebou het. Dis nie baie ver reguit soontoe nie. Wanneer ons afklim, kom ons agter dat die wind reguit van ons af in die rigting van die dam en krippe waai.

"Dit gaan nie werk om op hierdie spoor te loop nie," sê ek. "Al wat ons kan doen is om van die dam af terug hierdie kant toe te loop en dan te hoop ons loop van voor af in die buffel vas. Heel waarskynlik loop sy saam met die troppie beeste waartussen sy was toe ek haar aanvanklik gesien het, so ons behoort haar raak te loop as ons vir die troppie beeste ook uitkyk."

Ons ry soos ons gekom het, weer terug na die ingangshek van hierdie stukkie grond. Ek stop in die koelte en ek en Siegfried klim af. Ek stoot 'n 300 grein *Jaccurate* ronde punt monolitiese koeël, wat ek voor S335 kruit gelaai het, in die loop en maak die slot halfpad toe tot by die eerste kliek. Met die Winchester geweer wat ek het, is dit 'n baie veilige manier van loop met 'n gelaaide geweer - daar is geen manier dat die skoot per ongeluk kan afgaan as jy die slot sodanig halfpad toe maak nie. (Moet dit net nie met enige ander geweer probeer nie - by party gewere sal die skoot afgaan as jy die sneller druk wanneer die slot in hierdie posisie is!)

"Ek gaan ook skiet direk ná jou skoot," sê Siegfried, "ek wil graag sien wat maak hierdie 300 grein Rhino's op 'n buffel."

"Dis reg so," sê ek.

Net wanneer ons begin loop, kom daar twee beeste uit die bos uit. Ons oë soek die buffel.

"Daar is sy!" sê Siegfried, en wys na waar die buffel onder 'n doringboompie staan. Sy kyk reguit vir ons. Wanneer ek deur die teleskoop kyk, is ek 'n oomblik onseker waar om te skiet - nie omdat ek nie weet waar die vitale organe sit nie, maar omdat sy so naby is dat die voorlyf die hele teleskoop volmaak!

Wanneer ek uit die hoek van my oog sien dat Siegfried ook aanlê, druk ek die sneller egalig af wanneer die kruishaar mooi in die kuiltjie is. Siegfried se skoot gaan 'n paar millisekondes na myne af, maar die buffel val so vinnig dat sy skoot deur die vleis op die skof is - en hy het skuins van voor op die blad gekorrel!

My hele buffeljag is so vinnig oor dat dit eintlik 'n totale antiklimaks is. Sy was oombliklik dood. Tydens die afslag later, kon ons sien dat my skoot deur die onderste helfte van die nekwerwels is (wat die rede was dat sy soos 'n sak patats geval het), en daarna deur die buffel totdat dit heel agter in die pens tot ruste gekom het. Dat sy nie heeltemal reguit vir my gekyk het soos ek gedink het nie, kon ons sien aan die feit dat ek vier ribbes ook afgeskiet het - aan die binnekant deurgesny deur die koeël.

So het ek dan my eerste en sover enigste buffel geskiet. Dit was 'n jongerige koei, maar dit het nie saak gemaak nie - dit was 'n buffel, en die beste van alles: dit het my nie 'n sent gekos nie en daardie buffelfilette was heerlik!

Wanneer laas het jy vir Eleanor gesien?

Ons jag weer 'n keer op my vriend Nic Fourie se plaas *Barend*. Dis nou ek en my twee broers, Gerhard en Jopie, Ouboet Gerhard se seun (ook Gerhard - ons noem hom Seun) en Jopie se dogter Marita en haar man Louis Joubert. Ouboet het besluit om nie te jag nie - Seun sal vir hulle twee jag. Daarom ry hy saam met Nic rond in die Landrover en laai ons ander af in ons onderskeie kampe waar ons wil jag.

Saterdagoggend kom ons jare lange vriend, Montie van Niekerk, op die plaas aan. Hy bring 'n groot eland filet saam wat hy wil braai wanneer ons 'brunch' maak. Maar 'brunch' kom en gaan en Montie se fillet word nie gaargemaak nie. Want hulle *kuier*! Dis nou Ouboet, wat saam met Montie op hoërskool in Tom Naude Tegniese skool was, en Nic wat saam met Montie groot geword het in Messina se wêreld.

Soos gewoonlik wanneer ou vriende mekaar lanklaas gesien het, word baie dinge wat lank terug plaasgevind het, weer opgehaal en bespreek. Daar word met nostalgie gepraat oor die tye wat Ouboet en Montie op *Doppie*, die plaas anderkant Tshipise waarop Montie se pa geboer het, beleef het. Daar word gepraat oor koedoes en rooibokke wat gejag is, oor die kattekwaad wat hulle aangevang het, en natuurlik oor die meisies uit hulle jeugjare.

Halfdrie die Saterdagmiddag ry ons uit die kamp uit in twee Landrovers. Ons 'oues' (soos Nic sê) in een Landrover op 'n kuier 'cruise', en die jongeres met die ander Landrover om vir oulaas te gaan jag. Montie sit links voor, en Ouboet, ek en Jopie sit agterop. Die gekuier oor die ou dae gaan voort.

Dan vra Nic: "Wil een van julle nog 'n koedoe skiet?"

"Ja," sê Ouboet, "as ons een kry sal ek skiet." Seun het sover net 'n rooibok geskiet en Ouboet soek nog vleis.

"Dan moet julle nou begin stilbly," sê Nic, ons behoort net hier voor koedoes te kry." Ons is nou teen *Barend* se lyndraad en ry langs die draad op in Nic se ander plaas *Piet* in, waar *Piet* grens teen die buurplaas *Jooste*. Ons kry dikwels hier koedoes as ons in die namiddag hier ry.

Dit is vir 'n paar minute doodstil op die Landrover - almal kyk nou vir koedoes. So ry ons vir 'n hele ruk in stilte en met gespanne aandag. Maar dit lyk my Ouboet se gedagtes is nog op die ou dae se spore, want hy leun oor die voorsitplek na Montie toe en vra kliphard: "Wanneer laas het jy vir Eleanor gesien?"

Ons hoor net klippe spat en sien net koedoes hardloop - hulle het amper teen die paadjie gestaan!

Nic wil eers vies word, maar ons gelag is so aansteeklik dat hy gou ook die grap geniet en kliphard saamlag. Ten minste is dit Ouboet self wat sy eie koedoejag in die wiele gery het!

Eleanor was een van Montie se jeugliefdes, en Ouboet en Nic het haar altwee ook geken. En as jy my vra, was hulle altwee dalk ook in 'n mindere of meerdere mate op haar verlief in hulle skooljare, want deur die middagrit en weer in die kamp die aand, kom haar naam dikwels op in die gesprek. Totdat Nic op 'n stadium heelwat later die aand, en toe die koelboks al lekker gesak het, vir Montie sê: "Maar ek wil ook Eleanor se telefoonnommer hê, gee hom vir my ook!"

"Ek ook!" sê Ouboet.

Maar Montie wil niks weet nie - hy wil nie vir Nic en Ouboet ook die nommer gee nie. Tot 'n ruk later, wanneer Nic vir die soveelste keer vra. Want toe stem Montie in, en lees 'n nommer wat Nic op sy selfoon intik.

Maar dit was alles puur verniet, want in die eerste plek kon Nic die volgende dag glad nie onthou waar op sy selfoon hy die nommer gestoor het nie en kon dit nie weer opspoor nie. Maar al sou hy dit nog kon kry, sou dit in elk geval die verkeerde nommer wees, hoor ons die volgende dag. Want Louis het oor Montie se skouer gekyk toe hy die nommer lees en dit was 'n vreemde man se nommer en nie

Eleanor s'n nie! Wat hy in elk geval met haar nommer wou maak, weet nugter alleen, want Nic is nie die soort ou wat met ander vrouens sal lol nie.

Maar kom ons gaan eers weer terug na die vorige aand se storie toe, want natuurlik is dit nog lank nie klaar nie.

Die aand agtuur, wanneer daar 'n 4x4 bakkie stilhou, het ons nog nie begin kosmaak nie, want elke keer as ons wil begin, sê Montie: "Nee, los, ons eet vanaand eland filet." Dis nou die filet wat ons met 'brunch' sou gebraai het! Al kos wat daar sover is, is die pot stywe pap wat Samson vroegaand al gemaak het.

Dis Dawie van Vuuren wat stilgehou het. Hy en Nic het later swaers geword, want sy dogter is met Nic se seun getroud.

Ons kan dadelik sien dat hulle waarskynlik by een van die kuierplekke by Messina gaan rugby kyk het, want die persoon by hom moet saggies gelei word tot by ons by die vuur, dit lyk asof hy nie so lekker self sal kan beweeg tot by ons nie. In elk geval nie regop op sy eie twee bene nie.

Dis die eienaar van die plaas waar Dawie jag, sien ons toe hy nader kom. En hier gaan ek nou 'n uitsondering maak wat ek nie voorheen in een van my boeke gedoen het nie - ek gaan nie sy naam noem nie. Want dis eintlik 'n baie goeie ou en vandag drink hy nie meer 'n druppel nie. So kom ons noem hom sommer Ben.

Wanneer Ben by die vuur kom staan, sien ons dat ons 'n verkeerde aanname gemaak het: ons het gedink dat, omdat hy nie juis *reguit* en *regop* kon beweeg nie, hy glad nie in staat sou wees om enigsins te beweeg nie. Wat toe verkeerd is, want hy beweeg wel deeglik - nou nie reguit nie, maar so heen en weer en vorentoe en agtertoe soos 'n skiboot wat deur Sodwana se golwe probeer kom. Mens wil-wil net seesiek raak as jy vir hom kyk.

Maar nou is die probleem natuurlik dat Nic 'n **Ma** se vuur gemaak het - daar lê 'n tamaaie dik hardekool stomp dwars oor die vuur en die vlamme is hoog. En Ben wil al na hierdie vuur toe neuk.

Maar daar is iets wat nog meer beweeg as Ben self, en dis sy mond, want hy praat sommer aanmekaar. En dis natuurlik nou nie diep filosofiese wyshede wat hy kwytraak nie - inteendeel! En dis nie soseer *wat* hy sê nie as die manier *waarop* hy dit sê, wat ek later agterkom besig is om vir Seun goed de vieste in te maak. Want hulle bly in dieselfde dorpie en Ben praat van dinge wat Seun blykbaar omkrap - omdat hy die waarheid so effens verbuig in die dinge wat hy kwytraak en so half neerhalend praat oor dinge wat vir Seun saak maak.

As ek sien Seun mik om op te staan, vat ek hom aan die arm: "Los dit Seun, jy kan mos sien die ou is so geswaai dat hy nie eers weet wat hy sê nie - more gaan hy niks onthou van dit waaroor hy vanaand gepraat het nie. Help my liewers kyk dat hy nie in hierdie hardekool vuur inval nie, want as dit gebeur is ons almal se naweek verby," paai ek hom. Hy sit weer.

Maar met dié wat ek my aandag aan Seun moes skenk, gebeur toe juis waarteen ek gewaarsku het. Want dit is net op daardie oomblik dat Ben sy balans verloor en in die vuur gaan sit! Maar gelukkig darem nie heeltemal nie - want sy beskermengel besluit presies toe om in te gryp, en hy gaan sit mooi op 'n deel van die dik hardekool stomp wat nog nie brand nie! Waar ek hom vang sodat hy nie verder, tot binne in die vlamme, val nie. Ons help hom weer regop en laat hom ver van die vuur af staan. Waar hy terstond lankuit soos 'n paal neerslaan en net daar bly lê. Ons het aanvaar hy is baie veiliger daar en hom maar daar laat lê tot Dawie later wou ry. Toe het ons hom tot by die bakkie gedra.

Laatnag besluit Montie: dis nou presies die regte tyd om daardie eland filet te braai. Hy sny lekker dik steaks van die filet en kommandeer vir Louis op om die vleis te braai. Wanneer Louis die steaks op die rooster oor die warm hardekool kole gooi, sê daardie steaks: "Sssjjj!"

"Draai om!" sê Montie, "jy moenie die goed houtskool brand nie!" Louis wil nog protesteer - die steaks is nog nie eers warm nie, maar Montie wil niks weet nie. Dan draai Louis maar die steaks om.

Nie 'n minuut later nie, sê Montie weer: "Haal af, daai goed is gaar!"

"Oom Montie, die bloed loop nog uit dit uit, dit het nog nie eers begin braai nie," sê Louis.

"Haal af!" sê Montie, "jy wil dit houtskool brand - eland steaks mag jy nooit doodbraai nie!"

Louis haal die steaks af, 'n blinde kan sien die goed is nog heeltemal rou, maar: oom Montie het gepraat!

Ons eet langtand aan die rou goed. Dan sien ek Montie loop skelmpies agter ons almal om en gaan gooi sy rou steak weer op die rooster om dit verder te braai!

Blyderivier se seekoeie

Aan die einde van my eerste jaar in ingenieurswese op Tukkies, kry ek vakansiewerk by die Blyderivierdam, wat Waterwese op daardie stadium besig was om te bou. Ek was een van 19 studente wat daardie Desembervakansie daar vakansiewerk gedoen het - en nou kan jy self dink dat dit 'n hengse werk is (vandag sou hulle seker gesê het dit is 'n "challenge") om 19 studente besig te hou sodat hulle uit die kwaad kon bly.

Die Resident ingenieur wat in beheer van die bou van die Blyderivierdam gestaan het, Dr. CPR Roberts (wat later hoof van Waterwese geword het), het egter geweet hoe om so 'n klomp studente te hanteer. Hy het ons twee-twee of drie-drie in spanne ingedeel en elke span moes dan vir 'n week lank (van die ses weke vakansie) op elke faset van die damboueiry werk. Aan die einde van hierdie week moes die span dan 'n verslag skryf oor die week se werk, en dit elke Vrydagmiddag vir Dr. Roberts persoonlik mondelings gaan aanbied.

Dit het ons tot 'n mate besig gehou, maar nie heeltemal nie. Die woorde 'student' en 'kattekwaad' is mos maar eintlik sinoniem, so ons het tussendeur tyd gemaak vir baie ander dinge as werk!

Ons klomp studente het almal in die enkelkwartiere gebly - waar daar vir ons 'n swart kok gegee is om elke dag vir ons kos te maak - aandete was gewoonlik stywe pap en wors.

Ons het tot selfs 'n makietie gereël - 'n bokjol, soos dit op Tukkies genoem is. Daarvoor het ons by die store 'n loopspreker gaan trek en deur die strate van die klein konstruksiedorpie gery en bulderend deur die strate laat weergalm: "Bokjol, bokjol Vrydagaand in die saal! Almal welkom!"

Toe ons die aand vir ete aansit, vra ons swart kok: "Wat hoor ek wat julle so hard praat as julle ry, wat is dié Wôkôl, wôkôl wat julle so skreeu?"

Een van die afdelings waar ons moes werk, was by die betonmenger aanleg, bo-op die berg bokant die wal. Die wal self sou uiteindelik 71 meter hoog wees, en die hyskraan waarmee die beton geplaas is, seker 10 meter hoër. Die betonmenger aanleg self was 'n goeie 30 meter hoër as die voetstuk van die hyskraan. Vanaf die betonmenger aanleg het 'n kabelspoor geloop tot onder in die damkom, waar die klip vergruiser was - dus was daar 'n hoogteverskil van seker 130 meter tussen die klip vergruiser en die betonmenger aanleg.

Ek en Willem Steynberg, (wat op Stellenbosch ingenieurswese geswot het) wat daardie week by die betonmenger moes werk, was baie geïnteresseerd in hierdie kabelspoor - of eintlik meer in die koekepannetjies wat met die kabelspoor op en af beweeg het om die klipgruis van onder af te vervoer. Ons het so 'n ruk gestaan en kyk na die vol koekepanne wat teen die berg opkom, om dan outomaties bokant die klipgruis hoop die vrag te tiep sodat die gruis op die hoop val. Dan gaan draai die leë koekepanne om 'n verdere staalkolom om dan weer leeg bergaf te gaan.

Hoe meer ons hierdie storie bekyk het, hoe meer het dit na 'n baie gawe plan gelyk om in een van hierdie koekepanne bergaf te ry, en dan met die vol koekepan terug te kom boontoe. Die afgaan slag behoort nie 'n probleem op te lewer nie, maar die opkom slag sal baie fyn tydsberekening verg. Ons sal moet afspring nét voor die tiepslag - en dit gaan 'n hoë spring wees! Ons kyk nog 'n hele ruk en stap dan nader na die laaste kolom waar die koekepanne omdraai vir die afgaan slag. Hier is dit nie so hoog om op te klim nie.

Ons moet nog 'n hele rukkie wag voordat ons sien dat die operateur in die beheerkamertjie 'n draai gaan stap. Dan spring ons in 'n leë koekepan. Wanneer ons verby die beheerkamertjie gaan, hoor ons 'n vreeslike geskreeu en gevloek op ons, maar dis bietjie laat vir iemand om ons nou te probeer keer!

Dis wanneer ons op die punt van die berg kom, dat ons mae sommer sulke draaie gee, want behalwe dat die kabel so steil afdraande gaan van daar af dat dit voel of jy vryval, merk ons nog boonop iets onrusbarend op. Soos ons teen hierdie steilte af gaan, sien ons: daar lê 'n koekepan wat van die kabel afgeval het - daar nog een en nog een! Ons tel vyf koekepanne wat afgeval het en teen die berghang op die grond lê. Of ons gestres het? Nee daardie tyd het niemand nog van stres geweet nie - ons het ons vrek geworry! Of anders gestel in Boere Afrikaans: ons was sommer pleinweg skeitbang!

Teen die tyd dat ons natgesweet onder by die klip vergruiser aankom, wag daar al 'n klein skaretjie Waterwese manne vir ons. Toe het die radio's skynbaar al hewig heen en weer gegons: ons mag onder géén omstandighede weer met die koekepanne na bo ry nie! Nou hoor ons ook hoe paniekerig almal was en ook waarom.

Die kabelspoor werk op die beginsel dat die kabel beweeg oor rollers wat by elke kolom langs die pad op boontoe geplant is. Elke koekepan hang aan hierdie kabel net met 'n V-vormige ystertjie boaan die koekepan - die koekepan se gewig is al wat dit aan die kabel vashou - die gewig van die koekepan wig dit aan die kabel vas. Wanneer die kabel vir enige rede gestop moet word, begin die hele kabel op en af ossilleer tussen elke twee kolomme - so erg so dat veral die leë koekepanne, wat natuurlik baie ligter is as die volles, maklik afwip van die kabel af. So was die eerste radioboodskap nadat hulle ontdek het dat ons op 'n koekepan is: "Moet onder geen omstandighede die kabel se beweging stop nie!" Wat natuurlik 'n probleem kon wees as iets ernstig verkeerd sou gaan sodat die kabel uit nood gestop moes word.

Nou ja, nou moet ons terug loop boontoe. Maar dis nie eintlik loop nie, eers moet ons deur die vol Blyderivier swem, en dan moet ons die 130 meter hoë berg opklim - en dis vrek steil! Ons loop die stukkie tot by die rivier met die paadjie tot by die waterpomp, waar ons wil deur. Dis 'n mooi groot kuil. So 'n veertig meter stroomaf, sien ons 'n paar seekoeie. Hulle blaas kwaai as hulle ons gewaar.

"Kom ons swem eers voordat ons deurgaan," sê Willem en trek al sy klere uit en duik in. Ek hou darem my onderbroek aan, vir ingeval ek dalk vinnig moet padgee!

Dan kom die pompoperateur met die paadjie aangestap. "Hau, julle moenie hier swem nie, daardie seekoeie is baie kwaai!" sê hy. "Partykeer as ek hier water pomp kom gryp hulle die pomp se pyp en byt dit stukkend."

"Hulle is ver," sê Willem, en kyk na waar die seekoeie onder by die draai in die rivier raas. Ek klim uit die water uit, Willem swem 'n bietjie dieper in en klap met sy hand op die water terwyl hy kliphard probeer om die seekoei se gebulk na te maak en hy fluit ook skerp vir hulle.

Dan breek daar skielik 'n seekoeikop uit die water uit - geen 15 tree van Willem af nie! Maar waar was jy! Willem lê die 20 tree wal toe in 'n Olimpiese rekordtyd af - ek sien net twee wit boude op en af dobber op die water soos hy swem! Hy haal dit ook net betyds - 'n kortkop voor die seekoei. Gelukkig bly die seekoei in die water, anders het ons verseker moeilikheid gehad!

Nou moet ons eers 'n hele ruk wag totdat die seekoeie effens bedaar en weer 'n entjie stroomaf beweeg in die rigting van die draai in die rivier. Ons loop 'n entjie stroomop en swem dan deur die rivier tot anderkant - met een hand, want met die ander hand hou ons ons klere en horlosies en ander goed wat nie mag nat word nie, bokant die water.

Dit vat ons die hele res van die middag om tot bo teen die steil berg uit te klim. Dan is ons ook nét betyds om die laaste voertuig te vang wat terugry kamp toe, anders moes ons nog daardie paar kilometer ook loop!

Wanneer ons by die kamp kom, hoor ons dat al 17 die ander studente in Dr. Roberts se kantoor ingeroep is en dat hulle 'n ordentlike uittrap sessie moes deurmaak, omdat hulle dit durf waag het om so onverantwoordelik te wees om met 'n koekepan teen die berg af te ry. Die laaste student was daar - behalwe die twee belhamels wat die oortreding begaan het: ek en Willem!

Sowat 'n week later hoor ons dat enige Waterwese werknemer van die hout in die damkom, die gedeelte wat later onder water gaan wees, mag gaan afsaag en vat. Willem, wie se stokperdjie houtwerk is, is in ekstase. Nou gaan ek en 'n ander student elke middag na werk vir Willem help om bome af te saag. Dis baie harde werk, maar daar is die pragtigste reguit Olienhout, Rooi ivoor, Tambotie en ander goeie hout wat ek nie eers ken nie, wat in die damkom groei. Willem is so in 'n euforiese toestand oor hierdie pragtige hout, dat ons hom met plesier help met hierdie rug-breek werk.

En dit ís swaar werk! Probeer bietjie om 'n nat Tambotiestomp selfs net op te tel! Ek en die ander student kry so 'n stomp saam omtrent nie eers gelig nie. Die frisgeboude Willem kry dit alleen reg - al is dit net-net.

"Hoe gaan ons hierdie goed by die kamp kry, Willem?" vra ek toe ons 'n paar bome in stompe gesaag het.

"Ons moet dit eers afrol tot teen die rivieroewer," sê Willem. "Daarvandaan sal ons later 'n plan maak."

Dit klink maklik, maar dit is nie net vir rol nie! Dit vat dae om hierdie stompe te rol, stoot, sleep en dra deur dongas, om bome en deur ruie plantegroei voordat ons dit by die rivier het. Want ons kan net smiddae na werk en Saterdae (as ons nie die naweek weg is nie) hierdie werk doen.

Dit vat ons twee weke voordat ons die eerste vrag van ses gesaagde stompe rivier af kan vat. Want Willem se plan is om twee leë 200 liter dromme te neem, die stompe langs mekaar daarop vas te maak, en dit dan soos 'n vlot stroomaf te stuur tot by die waterpomp. Daar sal ons dit dan op 'n vragmotor laai.

Dis 'n baie goeie plan - so dink ons toe ons een Saterdagoggend vroeg met die dromme, wat ons oor die dongas en deur bosse gesleep-dra het by die stompe aankom. Ons bind die stompe bo-op die dromme vas en stoot dit in die water. Ek en die ander student klim bo-op die stompe - dit voel glad nie so 'n stewige affere as wat ons gedink het dit sal wees nie!

Willem stoot ons in die sterk stroom in, en net wanneer hy ook opklim, slaan die hele spul om, stompe onder en dromme bo - en ek aan die voorkant van hierdie gevaarte. Ons is onmiddelik in 'n stroomversnelling - die helling van die rivier is steil hier bo in die kloof en die stroom is nou. Dit gaan met 'n dolle vaart tussen klippe deur en om kort draaie in die rivier. Ek is naderhand nie meer seker wanneer ek bo die water is en wanneer onder die water nie. Willem en die ander student hou aan die toue agter die vlot vas en word saamgesleep, ek is kort voor die vlot en wag elke oomblik dat hierdie sware stompe my bewusteloos gaan stamp van agter af.

Dan kom ons by 'n besondere nou gedeelte van die rivier, met skerp rotse wat bokant die water uitsteek. Die rivier spoel my met geweld tussen twee rotse in en daar sit ek! Ek kan nie roer nie, en ek wag vir die stompe om my hier te kom pap druk teen die rotse.

Maar soos so baie keer in my lewe, is my beskermengel ook weer net betyds by, want die twee buitekantste stompe steek 'n meter van my af teen die klippe vas en daar sit ons almal: twee dromme, ses stompe en drie studente, en nie een kan roer nie!

Na 'n tyd kon ons onsself darem weer losgewoel kry en uitklim. Toe kon ons met ons gesamentlike kragte die omgekeerde vlot ook weer in die stroom in maneuvreer, en, met ons al drie hierdie keer agter die stompe, sonder enige verdere teëspoed tot by die pomp bokant die seekoeie vaar.

Toe Waterwese vir hulle jaarlikse kersvakansie kort voor 16 Desember sluit, is ek Tzaneen toe vir vakansie. Met die terugkomslag hoor ek by Willem dat hy gedurende die kersvakansie 'n klomp arbeiders van hulle plaas af gebring het en drie trokvragte goeie hout uit die damkom gery het. Kan jy dink wat al daardie hout vandag werd sou wees?

'n Jag in die wolke

In die jaar 1990 belewe die Bou- en Siviele Ingenieursbedryf 'n laagtepunt. Die firma van Raadgewende Ingenieurs waarvoor ek in Tzaneen werk, kry net nie nuwe werk in nie - soos meeste ander kleiner Raadgewende Ingenieursfirmas. Almal is wantrouig oor die ekonomie wat die nuwe bedeling, wat duidelik in Suid Afrika op pad is, sal meebring. Op 'n dag roep die baas ons in en deel ons mee dat al die werknemers, buiten twee en die vennote, ander werk moet gaan soek.

So beland ek toe met my gesinnetjie op Newcastle, by 'n takkantoor van 'n ander (groot) Raadgewende Ingenieursfirma. In die begin kan ek maar net nie lekker regkom met die wêreld daar nie - elke naweek ry ek honderde kilometer in wyer wordende sirkels rondom Newcastle - om net iewers 'n ou stukkie bosveld te sien. Maar daar is niks!

Maar mettertyd het ek ook vriende gemaak met die mense daar - hulle het destyds gesê Newcastle se mense is so wonderlik, want almal kom van die Transvaal af! Dalk, maar dit is waar dat ek rerig wonderlike vriende op Newcastle gehad het.

Op 'n stadium werk ek saam met kontrakteurs op 'n terrein. Die firma behoort aan 'n pa en sy twee seuns. Die pa was Rod Brent, wat op 'n stadium vir 'n paar jaar lank 'n Springbok kleiduif skut was, en sy twee seuns, Kean en die ander een se naam kan ek nie onthou nie. Maar pa en seuns was al drie baie entoesiastiese jagters en vistermanne. Nie net haelgeweerjag nie, maar haarwild ook. Omdat ons dieselfde belangstellings gedeel het, het ek en Kean natuurlikerwys vriende geword.

Kean was 'n baie ywerige lid van die Newcastle tak van die Natal Jagtersvereniging. Een aand nooi hy my saam na 'n ledevergadering van die tak. Dis die eerste keer dat ek so iets bywoon - ek was hier ongeveer 1972 rond vir so drie of vier jaar lid van Bosveld Jagtersvereniging, maar het later bedank omdat ek nie rerig aan enigiets kon deelneem nie. Ek was eintlik net lid op papier.

Hierdie was anders! Dit was vir my so lekker om met hierdie groep ouens te gesels en te meng wat ook in dieselfde dinge as ek belang gestel het, dat ek sommer daardie selfde aand aangesluit het as lid. En, meesal deur Kean se entoesiasme aangespoor, was ek sommer van die begin af 'n aktiewe lid, wat aan alles deelgeneem het. So het ek sommer gou 'n hele klomp nuwe vriende gemaak.

In hierdie tyd het my vroutjie, Mariette, baie ywerig geskilder. Ons het 'n stalletjie by die skou gehuur en haar skilderye daar gaan uitstal. Wat was my verbasing groot toe die Natal Jagtersvereniging in die stalletjie reg langs ons s'n intrek!

Dit was baie lekker, ons het oor en weer gekuier (want ek het teen hierdie tyd meeste van die ouens geken) en oor en weer mekaar se stalletjies beman wanneer een van ons wou rondloop. Die jagtersvereniging het ook 'n jagkompetisie gehad, waarvoor ek hulle ywerig help kaartjies verkoop het by die stalletjie. Maar ek het nie self 'n kaartjie gekoop nie. Hoekom nie? Omdat my geluk met enige kompetisie so vrot was dat, as ons by die werk tydens die July perdewedren ons eie kompetisie tussen ons klomp hou, ek gewoonlik na die tyd agterkom het dat hulle my perd in die stal vergeet het!

Maar op die laaste dag van die skou sê ek vir Mariette: "Jong, ek voel sleg dat ek nie 'n kaartjie gekoop het nie - ons werk die hele skou so lekker saam. Gaan koop jý nou maar by hulle 'n kaartjie - dit gaan tog niks help as ek een koop nie."

So 'n week later lui ons telefoon: Mariette het die jagpakket gewen! Ek is in my noppies, die jag bestaan uit 'n takbok, 'n blesbok en 'n duiker wat gejag kan word en 'n naweek op die plaas *Hunter's Valley* waar die blesbok en die duiker gejag gaan word. Ted, die eienaar van die plaas en ook lid by Natal Jagters, sou my op die jag vergesel.

Dit is 'n baie mooi houthuisie op die jagplaas waar ek en my gesinnetjie en my seun Gerhard se maatjie, Reinhardt, Vrydagmiddag aankom. Dit lyk knus en warm, iets wat ek verwelkom in hierdie koue plek - al is dit nog nie heeltemal winter nie, is dit nogtans koud vir 'n Tzaneener!

Vanaf die huisie is daar is 'n mooi uitsig oor die grasveld en onder in die vlei is 'n pragtige dammetjie waarop eende rond swem. Aan die ander kant is die berge, in 'n halfmaan rondom ons. Mens kan sommer wyd sien - iets waaraan ek darem nou reeds effens gewoond is. Die kinders het sommer van dag een af al hulle gate uit geniet op die plaas en by die dammetjie.

'n Bietjie later hou Ted, sy vroutjie en hulle pragtige witkop babaseuntjie, by die huisie stil. Ons gee vir hulle koffie en gesels so in die algemeen oor alles.

Dan sê Ted: "Goed, kom ek vertel vir jou hoe die jag more gaan werk. More oggend vroeg kom laai ek jou op dan gaan ons eers die takbok skiet op 'n ander plaas - bo in die berge na Memel se kant toe. Dan kom ons terug hiernatoe en kan jy die blesbok hier skiet en laaste die duiker. Ek het 'n skadepermit om duikers in die nag op die lusernlande te skiet, so as ons uit tyd uit raak kan ons moreaand die duiker met die kollig gaan skiet."

"Mag ek 'n takbokram skiet?" vra ek.

"Ja, maar onthou net dat die takbokke nie hierdie tyd van die jaar horings het nie, hulle gooi mos elke jaar hulle horings af en groei dan 'n nuwe stel horings. Die ou wat die takbok geskenk het, het dit as voorwaarde gestel dat die jag hierdie naweek moes plaasvind, want hy is elke naweek vol bespreek in die seisoen wanneer die takbokke horings het," antwoord Ted.

"Dan moet jy vir my sê watter bok om te skiet," sê ek, "ek gaan dalk nie vinnig genoeg kan besluit watter bok is wel 'n ram én groot genoeg om te skiet nie - ek ken glad nie takbokke nie."

"Moet jy nie daaroor worry nie - worry liewers of jou bene gaan hou in daardie hoë berge - onthou, ons jag bo in die wolke!" sê Ted.

Die volgende oggend, voor sonop, ry ek en Ted al van die plaas af met sy groen Landrover. Hy het twee van sy plaaswerkers ook saamgebring. Dis 'n oop Landrover en die wind van voor af is ysig koud. 'n Halfuur later draai ons by 'n plaashek in. Ons is nou reeds in die Vrystaat, nie meer in Natal nie. Ons ry eers deur 'n kamp met 'n groot trop buffels net langs die draad - ek is baie verbaas om buffels hier te sien, hulle lyk vir my heeltemal uit plek uit hier.

Dan begin ons die berge in ry - die berg troon hemelhoog bokant ons uit, ons gaan rerig bo die wolke jag! Die paadjie word al steiler totdat ons nie meer kan verder ry nie. Dan klim ons uit, drink 'n paar slukke water en vat daardie hoë berg!

Ons is nog nie eers halfpad teen die berg uit nie, of ek voel daar is fout met my bene - hulle wil nie meer so heeltemal lekker werk nie! Gelukkig sien ons ver regs bokke teen die steil hang uit hardloop. Dit vat 'n hele rukkie vir Ted om deur die verkyker vas te stel dat dit vaalribbokke is, wat my bene kans gee om so 'n bietjie te rus. Dan klim ons weer verder.

Wanneer ons amper bo is, voel my bene soos jellie, dit wil net nie meer saamwerk nie. Ek bewe soos 'n ou man wat pas 'n hartaanval gehad het - ek voel ook net so! Dan neem ek vir 'n slag 'n wyse besluit - ek steek my trots diep in my sak en vra vir Ted dat ons eers bietjie moet rus voor ons oor die kruin gaan loop - soos ek nou bewe sal ek nooit kan raakskiet nie! En die skande is glad nie so groot as wat ek gedink het dit gaan wees nie, uit pure ordentlikheid maak Ted asof hy ook moeg genoeg is om 'n bietjie te rus. Ek is dankbaar!

Dit is 'n pragtige uitsig hier van bo af. Op plekke kyk ons van bo af op wolkies neer, dis baie hoog hier. Ons kan tot ver in Natal in sien. Ted wag totdat hy sien ek bewe nie meer nie dan loop ons oor die kruin. Dis al na nege uur, die sonnetjie is besig om te klim.

Bo-op die berg is dit verbasend plat, of eintlik sag golwend, daar is wel effense leegtes met doringagtige struikbome en stroompies, maar die bulte tussen hierdie leegtes is nie baie hoog nie. Ons loop in stilte voort. Wanneer ek 'n slag omkyk, sien ek bokke 'n ent agter ons verby hardloop, deur die leegte. Wanneer ek uiteindelik Ted se aandag getrek kry, is hulle reeds weg en dit lyk nie of Ted agter hulle wil aan gaan nie.

Dan sien ons 'n begroeide koppie 'n ent voor ons. Of altans, dit lyk presies soos 'n koppie, maar dit is seker maar net die berg self wat daar 'n hoogtepunt maak wat soos 'n koppie lyk.

"Ek is amper seker ek het takbokke tussen die bosse op daardie koppie sien beweeg," sê Ted en kyk met sy verkyker. "Ja, dis definitief takbokke." Hy toets die wind, en verduidelik dan vir my sy plan: "Die twee werkers sal agter om hierdie koppie in die leegte in beweeg sodat die bokke hulle kan ruik. Ek en jy sal dan windop, daar agter daardie boompies, wag totdat hulle teen die kop afkom, dan kan jy skiet. Ek sal sê watter bok."

Ons gaan uitmekaar, ek en Ted wag agter die klein boompies, die ene aandag. Dan kom een bok teen die koppie afgehardloop - as ek die geweer optel kyk ek reg in die son, wat nou net oor die koppie opkom, in. "Toemaar, dis 'n ooi, los haar maar," sê Ted.

Daar kom niks meer teen die koppie af nie - ons sien naderhand die werkers op die kruin van die koppie. Dan pluk Ted my aan die arm: "Daar links, hulle is aan die linkerkant van die koppie af! Daardie een is 'n rammetjie, skiet hom!"

Dis bietjie ver vir 'n mopanieboom jagter, maar as ek skiet val die rammetjie gelukkig net daar. Ons stap deur die lopie na die bok toe.

En dan sien ek hierdie klein bokkie: "Dis dan 'n lammetjie!" sê ek vir Ted.

"Nee," sê Ted, dis net 'n jong rammetjie.

Al vorige ondervinding wat ek van 'n takbok het, was in 'n boek wat ek as kleuter gehad het van Bambi - die 'bul' in die prentjie in daardie boek het vir my so groot soos 'n koedoe gelyk! Dit moet 'n bababokkie wees hierdie!

Nou moet hierdie bokkie bergaf gedra word. Ek sê stilletjies dankie dat Ted vanoggend vooruit gedink het en die twee werknemers saamgebring het sodat hulle die bokkie kan dra! Want dis moeilik genoeg om net myself regop te hou teen hierdie berg af, kom ek gou agter. Dis so steil af dat, wanneer my voete eenkeer onder my uitglip, my skouer net 30 sentimeter trek voordat dit die grond tref. Gelukkig gly ek darem nie bergaf nie, want my voete kan teen 'n klip vasskop.

Wanneer ons uiteindelik onder by die Landrover kom en ons mae vol water gedrink het, neem Ted 'n paar foto's van my en die bok.

"Moet ek met jou kamera ook afneem?" vra Ted vir my.

"Nee, ek sal sommer by jou foto's kry," lieg ek. Ek vertel hom nie dat ek te skaam is om foto's van hierdie bababokkie op my kamera te hê nie! Sê nou iemand sien die foto's?

Ons ry by die eienaar van hierdie plaas se huis aan, sodat Ted verslag kan gaan doen oor ons jagtog. Ons gesels so 'n bietjie daar en dan kom daar 'n paar mak takbokke aangestap - 'n rammetjie en twee ooitjies.

"Is dit volwasse bokkies hierdie?" vra ek vir die eienaar.

"Ja," sê hy, "hierdie ooie het al altwee twee keer gelam, en die rammetjie is ouer as hulle," antwoord die eienaar.

Dankie tog! So pas het my bababokkie toe verander in 'n jong rammetjie, soos Ted tereg opgemerk het in die berg. Want hierdie bokkies is *baie* kleiner as koedoes! Hulle lyk vir my selfs kleiner as rooibokke ook - miskien dalk so springbokgrootte. En hulle is maar net effens groter as my bokkie!

Ek is sommer baie meer opgewek as ons terugry na Ted se plaas toe, is selfs spyt dat ek nie maar tog toegelaat het dat Ted foto's met my kamera van my bokkie neem nie.

By Ted se huis laai ons die takbok (nou nie meer *takbokkie* nie!) af en een werknemer bly agter om af te slag. Ons ry met een van die paadjies in Ted se plaas in, bergop. Redelik naby die huis kry ons 'n troppie blesbokke. Ted ry verby.

"Ek wil nie graag uit hierdie troppie skiet nie," sê hy. "Bo-op die berg is daar 'n trop wat ál neuk om deur die draad na die buurman toe te kruip. Ek wil eerder dat jy een van hulle skiet." Ons ry tot heel bo-op die berg, maar kry nie die troppie waarna Ted soek nie. Hy vermoed hulle is klaar deur die draad na die buurman toe. Dan stop hy naby 'n hoë, kaal punt van die berg en klim uit.

"Kom, ek wil jou iets gaan wys," sê hy vir my. Ons loop tot by die hoogste punt, waar daar 'n paar drade by 'n groot baken bymekaar kom. Ted gaan staan.

"Sien jy hierdie baken?" vra hy. "Dit is die punt waar die Transvaal, Natal en die Vrystaat bymekaar kom."

Ek gaan staan langs hom. Hoe ver kan mens nie van hier af in alle rigtings sien nie! Dis werklik iets groots, en ek voel dat dit spesiaal is om hier te kan wees. Nie as toeris nie, maar as jagter wat oneindig lief is vir die natuur.

"Ons moet maar terugry huis se kant toe," sê Ted. "Ons ry met 'n ander paadjie terug - as ons nie hierdie troppie kry nie, moet jy maar een van die huistrop se blesbokke skiet."

Ons ry deur die met gras begroeide berg en redelik steil af met 'n paadjie. Onder kom ons weer in die paadjie waar ons begin ry het. Dit is al laterig in die middag.

"Ek gaan nie stilhou nie," sê Ted wanneer ons die huistrop 'n ent regs van die paadjie voor ons gewaar, "ek gaan net stadiger ry en en dan spring jy en my plaaswerker af. Dan gaan ek aanry tot onder en daar wag. Jy kan 'n ooi of 'n ram skiet, skiet maar een wat alleen eenkant staan."

Wanneer Ted stadiger ry, spring ek en die plaaswerker af. Ek val dadelik plat - hier is nie juis dekking om van te praat nie! So 'n twintig tree voor my is 'n paar rotsblokke. As ek tot by hulle kan kom, kan ek daaroor dooierus vat. Ek seil op my maag soontoe, dink nie eers aan die ou agter my nie. Hy moet mos maak soos ek maak!

By die rotsblokke lê ek lekker op my maag en, met 'n stewige dooierus op my hand wat op die rotsblok lê, skiet ek 'n blesbok wat eenkant alleen staan. Dis 'n doodskoot en ons stap nader. Dis 'n mooi, vet ooi.

Wanneer Ted met die Landrover by ons stilhou, sien ek hy is dik van die lag. Maar ek vra nie uit nie, wonder half ongemaklik of hy nou vir my gelag het - het ek met my bosveld jagmetodes dalk my naam gat gemaak hier?

Wanneer ons wegry van waar die twee plaaswerkers die karkas afgeslag en opgehang het, vertel Ted: "Ek het darem lekker gelag, nie vir jou nie, maar vir daardie man wat vir my werk. Want toe julle afklim en hy sien jy gaan lê en begin op jou maag seil, sien ek hoe hy sy kop skud in verwondering: hy ken nie híérdie storie nie! Mens skiet mos sommer hier van die paadjie af, die goed is mos mak! Toe sien ek dit lyk of hy staan en dink het, want hy gaan ook so halfhartig af op sy hande en bene (nie knieë nie!) Toe kruip hy agter jou aan, maar sy stêre is so hoog in die lug dat dit lyk soos 'n volstruis met sy kop onder die sand!"

Ek kon ook maar net verleë lag - ons bosvelders ken mos nie sulke mak wild nie - by ons móét 'n ding mos bekruip word!

Nou ja, so het my jag ook ten einde geloop - ek het darem daardie nag nog 'n duiker ook geskiet in die lig van die kollig, maar vir my was dit nie jag nie. Nag skiet met 'n lig was darem iets wat ek goed kon doen (ás daar 'n teleskoop op die geweer is!) - ek het nie verniet baie nagte saam met my swaers in die Karasberge tientalle rooikatte, jakkalse en ander ongediertes met behulp van 'n kollig dood geskiet nie!

'n Amerikaner en 'n leeu in Mosambiek

Ouboet Gerhard het lang jare saam met die manne van die mynvee afdelings van verskillende firmas gewerk. Meeste van hierdie manne wat die landmyne moes uithaal, was oud-"Recces" - manne wat in die bosoorlog hard gemaak is. Manne wat nie sommer enigiemand in hulle geslote kring toegelaat het nie.

Maar hulle het van Ouboet, vir wie hulle "Oups" genoem het, en wat hulle voertuie op kontrakte in stand gehou het, gehou. Hy kon byhou as hulle rof kuier, en hy was nie bang nie. Dit het hulle gesien toe hulle in Angola saamgewerk het - hoe hy in die AK47 se loop ingekyk het toe die bosvegters daar hom wou teregstel, en sy oë nie 'n duim gewyk het nie. En toe hy op die laaste nippertjie deur 'n terroriste offisier (in 'n geel oorpak) se ingryping gered is, het hy nie ineengestort nie. Soos wat wel met een of twee van hulle eie manne gebeur het. Maar daardie geel oorpak sal hy nooit vergeet nie!

Ouboet het saam met hierdie manne die hele wêreld vol gewerk: Angola, Mosambiek, die Kongo, Bosnië, Kroasië - oral waar daar oorlog was en landmyne wat nou, in die vredestyd ná die oorlog, gesoek en uitgehaal moes word. Soms het hierdie Recce's vir Ouboet misbruik ook, soos die slag in Mosambiek toe daar 'n kamer vol stokou dinamiet gevind is, in 'n beboude gebied, en waar hierdie hoogs onstabiele plofstof verwyder en op 'n veilige plek opgeblaas moes word. Wanneer dinamiet so lank staan, begin daar 'n vloeistof uit hulle uitloop, wat later kristalliseer. As een van hierdie kristalle gebreek word, ontplof die hele spul! Daarom mag die kaste glad nie eers geskuif word nie.

Hierdie kaste dinamiet is agter op 'n mynvee voertuig gelaai - *baie versigtig* en net een kas dinamiet op 'n slag, want die geringste stampie kon die hele spul laat opblaas. Agter op die mynvee voertuig word hierdie kas dinamiet dan in 'n drom met wasgoedseep water geplaas, wat veronderstel is om die kristalle op te los. Toe hulle die eerste kas gelaai het, sê een van die Recce's vir Ouboet: "Oups, jy moet nou hierdie bakkie vir ons wegry - jy is baie ouer as ons, jy het al lank genoeg geleef!"

Ouboet het maar mooitjies daardie vrag vir hulle gery, en nog 8 vragte daarna. Natuurlik soos ek gesê het: *baie versigtig*! Gelukkig was hy toe al lankal grys, anders sou hy seker ná daardie petalje oornag só geword het.

Ouboet kon soms ook daardie "gee-nie-'n-duiwel-om-nie" houding inslaan, waarvan die Recce's ook baie gehou het, want dit was soos hulle self ook was.

Soos die keer toe hy saam met ander manne iewers op Heanertsburg gekuier het. Toe hulle wou gaan eet, keer 'n werknemer van die grênd plek hom voor en sê: "Meneer, jy mag nie met daardie kortbroek in die eetsaal ingaan nie!"

"O," sê Ouboet, "dis nie 'n probleem nie," en hy trek sy kortbroek net daar uit en wil met sy onderbroek inloop. Toe jaag die bestuur die hele klomp van hulle daar uit!

Een van die talle kere wat Ouboet in Mosambiek gewerk het, hierdie slag naby Gorongoza, het hy vir Mike ontmoet. Mike was 'n Amerikaner en het vir die firma Ronco, wat ook myne uitgehaal het, gewerk. Ouboet was deur sy firma vir hierdie kontrak aan Ronco 'geleen'.

Mike en Ouboet het gou vriende geword, Mike was ook lief vir skiet en vuurwapens, maar het nog nooit gejag nie. Hy kon wel baie goed skiet, want hy was in sy jong dae 'n 'Marine' in die Amerikaanse weermag. Ouboet se jagstories het Mike gefassineer, en baie gou wou hy ook begin jag.

Hy het by die Mosambiek se polisie 'n 308 gaan leen, op een of ander manier toestemming gekry om 'n bosbok te jag, en die eerste bok wat Mike in sy lewe geskiet het, was 'n allemintige bosbok met horings baie hoog op in die rekordboek. Later het hy ook 'n Lichtenstein hartbees geskiet.

Ek het vir Mike een keer by my vriend Daan Roux op *Kondowe* gevat om 'n rooibok te jag. Ons het baie lekker gejag, maar ongelukkig het Mike die rooibok gekwes en ons kon dit net nie kry nie.

Maar nou het Mike 'n ander obsessie ontwikkel: hy wou nou net met alle geweld 'n leeu skiet. Op die pad langs die spoorlyn wat hulle moes vee vir landmyne, het hulle dikwels leeuspore gekry. Van hierdie pad af het Ouboet elke 50 meter 'n grondpaadjie geskraap tot by die spoorlyn, waarop die mynvee voertuie dan tot op die spoorlyn kon ry. Dit was op hierdie paadjies waar hulle die leeuspore gekry het. Die Mosambiekers wat as arbeiders vir Ronco gewerk het, het vertel dat hulle dikwels leeus in die omgewing gesien het. Van hulle het selfs beweer dat die leeus by tye van hulle mense agter vanaf 'n stadig bewegende bakkie (stadig omdat sulke bakkies gewoonlik hopeloos oorlaai word) afgehaal en opgeëet het!

Een Saterdag, toe Ouboet en Mike op pad is om Mike se werknemers te gaan aflaai, sien hulle vars leeuspore in een van die mynvee paadjies.

"Stop!" sê Ouboet, "hier is vars spore wat ons kan volg!"

"Ek kan nie nou spore volg nie, ek moet eers hierdie arbeiders gaan aflaai," sê Mike.

"Nou goed," sê Ouboet, "gaan laai jy hulle af en kom dan terug, ek sal solank die spore volg."

Dis wanneer Mike se bakkie in die verte verdwyn en Ouboet aan die spore agterkom dat daar welpies onder hierdie leeu troppie is, dat Ouboet so by homself dink: "Nou is jy mos pleinweg domastrant onnosel - om op 'n leeuwyfie met kleintjies se spore te loop sonder 'n geweer!" Trouens, volgens die spore lyk dit of daar ten minste twee wyfies, 'n mannetjie en 'n hele paar welpies is.

Hy draai net daar om en gaan wag vir Mike by die pad. En ook maar goed, want Mike kom eers laat daar aan en hulle ry maar terug kamp toe.

Die volgende dag, Sondag, wil Ouboet gaan werk - hy moet die een 'bulldozer' se enjinplaat gaan afhaal. Mike keer hom, hy wil gaan leeuspore soek.

"Jy kan more daardie plaat gaan afhaal," sê hy vir Ouboet."

"Nee, ek kan nie," sê Ouboet, "ek het hierdie werk juis so gereël omdat vandag al dag is wat ek van die mynvee arbeiders kan leen, want hulle werk nie vandag by julle nie. Ek het hulle nodig, want daardie enjinplaat is so swaar dat ek vier mense nodig het om dit af te lig."

Mike stry nog so 'n bietjie, maar dan laat hy vir ouboet ry. Op pad terug van die masjien af, is daar skielik 'n harde geklop op die dak. Wanneer Ouboet wil stop, is daar 'n helse geskreeu. Hierdie Mosambiekse arbeiders kan nie 'n enkele woord engels praat nie - net Portugees. Maar nou skreeu hulle luidkeels in engels: "Go! Go! Go! - it is a lion!!"

Wanneer ouboet na regs kyk, sien hy die groot maanhaarleeu op een van die mynvee paadjies staan. Maar hy kan nie juis kyk nie - die klomp agterop die bakkie is histeries. So ry hy maar 'n entjie verder in die rigting van die kamp, terwyl hy terselfdertyd vir Mike roep op die radio. As hy stop om vir Mike te wag, gaan die klomp so erg tekere agter op die bakkie dat hy bevrees is hulle gaan hom aanrand. Dus ry hy maar so stadig as wat hulle hom toelaat in die rigting van die kamp: as hy vet gee, is hulle stiller, as hy stadiger ry, groei die geraas agter op die bakkie weer aan.

Dan kom Mike met so 'n spoed van voor af aan dat dit lyk of hy vlieg. Die volume van die geskreeu op die bak styg weer 'n hele paar desibels as Ouboet ook stilhou wanneer Mike by hom stop dat die klippe so spat. Die geraas sak net omtrent een desibel as hulle sien dat Mike met die 308 uitklim.

Maar hierdie arbeiders is ook nie so dom om hulle lot so heeltemal een honderd persent in Ouboet se hande te laat nie, sien Ouboet en Mike. Want die volgende oomblik hou daar 'n ambulans by hulle stil - die arbeiders het dit oor die radio geroep. As hulle almal met groot spoed agter in die ambulans inbondel, verstaan Ouboet en Mike: die ambulans is *toe* agter! Nie 'n kans dat 'n leeu een van hulle dáár gaan uithaal nie!

"Los jou bakkie hier, dan kom ry jy saam met my," sê Ouboet vir Mike. Dit is doodveilig om die bakkie hier te los: hier is nie 'n sterfling vir honderde kilometers in enige rigting nie - sedert die oorlog bly hier niemand nie.

"Was dit ver terug waar jy die leeu gesien het?" vra Mike. Hy is duidelik baie opgeklits.

"Nie so ver nie," sê Ouboet.

Mike klim by Ouboet in die bakkie en hulle ry terug in die rigting waar Ouboet die leeu gesien het. Nou is Ouboet effens onseker watter een van die mynvee paadjies dit was waarop hy die leeu gesien het.

"Ek dink dit is hierdie paadjie," sê Ouboet en stop. Hulle klim uit. Daar is nie 'n teken van die leeu nie, maar Ouboet is byna seker dit is hierdie plek. Hy soek op die grond vir spore, maar dit het 'n paar dae gelede lekker gereën, en die paar dae sonskyn daarna het die paadjie se oppervlakte taamlik hard gebak - en 'n leeu se spoor wys nie maklik op harde grond nie. Mike loop met die geweer in die rigting van die spoorlyn.

As Ouboet opkyk, sien hy twee dinge gelyktydig: die eerste is die groot maanhaarleeu wat fors en koninklik op die spoorlyn vir hulle staan en kyk. Die tweede is Mike, wat volspoed aangehardloop kom en al amper langs hom is! Ouboet vang hom net betyds, maar hy moet sy arms om Mike se lyf slaan om hom vas te hou. Nou is Ouboet kwaad!

"Jy hardloop nie weg vir 'n leeu nie - nooit nie!" se Ouboet kwaai. "Daar staan jou leeu wat jy wou skiet, skiet hom nou! Toe, Skiet!"

Die leeu kyk uitdagend na hulle. Sy stertkwas piets en uit sy bors kom 'n diep roggel-grom. Ouboet gryp weer vir Mike en stoot hom 'n ent in die rigting van die leeu: "Shoot NOW!" sê Ouboet.

Mike skiet - dis 'n doodskoot, maar Ouboet laat vir Mike nog twee versekering skote ook skiet voordat hulle nader stap. Mike is in ekstase.

Wanneer hulle op die spoorlyn by die ou maanhaar kom, sien hulle 'n beweging voor tussen die bosse.

"Dit is die wyfie!" sê Mike en haal die geweer oor - nou is sy adrenalien vlakke in die rooi!

Maar dis net waar Ouboet hom baie ferm en hardegat stop: "Net soos jy nooit vir 'n leeu weghardloop nie, gaan jy nooit agter 'n leeuwyfie met kleintjies aan nie. Veral nie met net een geweer nie!"

Hierdie leeujag was waarskynlik die hoogtepunt in Mike se lewe sover. En hy was Ouboet ewig dankbaar. Toe hy weer 'n slag Amerika toe is, het hy vir Ouboet 'n egte 30-30 Marlin geweer as geskenk teruggebring. 'n Regte John Wayne geweer - presies wat Ouboet al jare begeer het!

Die dag toe die leeu moes wildtuin toe

Op 28 Desember 1893 kom die drie en twintig jarige Julius William Osmers uit Duitsland in Suid Afrika aan om hom vir goed hier te vestig. Hy was die enigste Osmers wat ooit uit Duitsland na Suid Afrika immigreer het - alle Osmerse in Suid Afrika stam van hom af. Kort na sy aankoms trou hy met Maria Matilda Birkholz en in 1897 is hulle eerste seun, Johannes Alexander, algemeen bekend as Alex, gebore. Hulle het waarskynlik in Jamestown gewoon, want dit is waar hulle tweede seun in 1903 gebore is. Hierdie seun, John Friedrich Wilhelm, was net 34 jaar oud toe hy dood is.

Op 'n stadium het die Osmerse Tzaneen toe getrek, waar ek drie van Julius William se seuns persoonlik geken het: oom Alex, wie ons oom Ou Alex genoem het, oom Fred (my neef Vic se pa), en oom Boet, my vriend Karl Osmers se pa. Oom ou Alex was so genoem omdat sy oudste seun ook Alex was - almal het hom Klein Alex genoem. Daar was ook nog 'n ander broer, Otto, wie ek nie geken het nie, en ook susters. Die ou mense het die naam Alex as *Alec* uitgespreek.

Die eerste geslagte Osmerse wat ek geken het, het almal drie voortreflike eienskappe in gemeen gehad: Almal was ervare grootwild jagters, almal was uitstekende skuts, en almal was uitstaande motorwerktuigkundiges! En behalwe miskien vir laasgenoemde eienskap, besit al die Osmerse wat ek ken vandag nog die ander twee eienskappe - almal is jagters en baie goeie skuts.

Ek onthou nog goed die skyfskietkompetisies waar ek en my broers Gerhard en Jopie, en Vic en Karl as jong kinders saam met die Osmers ooms gegaan het - daar was nooit 'n kans dat enigiemand anders die eerste prys van 'n slagbees sou wen nie - dit sou net 'n Osmers wees. Die vraag was net: sou dit oom Alex, oom Fred of oom Boet wees wat die dag sou wen?

Alhoewel al drie broers al in Mosambiek langs die Save rivier (en op baie ander plekke) olifante, buffels, leeus, seekoeie en talle ander grootwild geskiet het, was oom ou Alex die erkende leeujagter. Sy seun Ben het later hierdie vaandel oorgeneem - ek was nog op skool toe het hy al oor 'n honderd leeus geskiet. Hierdie leeus was natuurlik feitlik almal beesvanger leeus, en wanneer daar iewers in die Laeveld 'n leeu op 'n plaas begin beeste vang het, was dit vanselfsprekend dat Ben geroep sou word om die leeu van kant te gaan maak. Vandag is Ben se seun Zander 'n bekende Professionele Jagter en Jagondernemer. Net soos party van oom Fred en oom Boet se kleinseuns.

Hoekom hierdie lang geskiedenis oor die Osmerse? Wel, soos uit bogenoemde afgelei kan word, was leeus maar van lankal af deel van die Osmerse se lewens - en veral deel van oom ou Alex en sy seuns se lewens.

Oom ou Alex het eers in Tzaneen in die dorp gebly, waar hy twee klein leeutjies aangehou het. Die vloekstene het kort-kort uit hulle hok ontsnap en moes dan natuurlik gesoek word. So het dit eendag gebeur dat oom ou Alex en klein Alex met hulle gewere in Tzaneen se stof hoofstraat voor die polisiekantoor verbyloop.

"Waar gaan julle twee heen met julle gewere?" roep die polisiesersant hulle van die polisiestasie se stoep af toe.

"Ons soek leeus!" antwoord oom ou Alex.

"Ha-ha-ha!" lag die polisieman, "leeus, in Tzaneen?" Toe was Tzaneen darem al 'n dorp, met 'n klompie huise en besighede - ook talle groter en kleiner plase rondom Tzaneen.

Maar snaaks genoeg, die sersant het nie weer gelag toe oom ou Alex en klein Alex elk met 'n leeutjie onder die arm verby die polisiestasie terugloop huis toe nie!

Wat van die ander leeutjie geword het, weet ek nie, maar die een leeu het naderhand 'n probleem geword om in die dorp aan te hou toe hy so opgeskote begin raak. Daarom is die leeu geskuif Doornhoek toe, na my oom Fred se gedeelte van die plaas - wat grens aan my pa se gedeelte van

Doornhoek. Daar is die halfwas leeu in die hoenderhok aangehou.

My pa, oom Boet (Karl se pa) en klein Alex, was al drie omtrent ewe oud. My pa (Broer Botha) en oom Boet was albei in 1918 gebore, en hulle was boesemvriende. Maar hulle was natuurlik ook vriende met klein Alex, en was baie keer daar as Alex met die leeu doenig was - ook partykeer wanneer hy uit die hoenderhok ontsnap het. Want hierdie leeu was op daardie stadium nog nie so mak soos later nie.

Eendag was my pa daar met sy kamera om die leeu af te neem terwyl Alex hom wou kos gee, toe die leeu by die hek uitkom. Onmiddelik spring hierdie leeu met sy voorpote op klein Alex se skouers en wil sommer byterig raak.

"Kom help my, hier, Broer!" roep hy my pa, "hierdie leeu wil my byt!"

"Wag eers," sê my pa, "hou hom net so dat ek eers 'n foto neem!"

Daardie tyd byt die halfwas leeu klein Alex se een duim af!

'n Ander keer weer, net na my ma en pa se troue, kom die leeu ook uit die hok uit. Klein Alex en Ben was nie daar nie. Almal vlug onmiddelik in die huis in terwyl my pa die leeu probeer besig hou totdat almal binne is. Maar daar sluit hulle die deur toe terwyl my pa nog buite is en hy kan nie ook ingaan nie!

"Waar is jou man, waar is Broer?" vra iemand my pasgetroude ma wat veilig binne is saam met die res van die mense.

"Ek weet nie," sê my ma - sy het net gesorg dat sý binne is!

Intussen is my pa op die voorstoepie, wat 'n muurtjie om het, en daar kóm die leeu vir hom! Gelukkig was sy hond, Jock, ook by. My pa druk die besem in die leeu se bek op dieselfde tyd dat Jock, wat sien dat sy baas in die moeilikheid is, die leeu storm, waarna die leeu vir Jock wil gryp. Dit gee my pa tyd om oor die muurtjie te spring, óm die huis te hardloop en aan die agterdeur te hamer totdat die klomp vir hom oopmaak.

Intussen het Jock besef hy is nou nie rerig opgewasse teen hierdie halfwas leeu nie én dat sy baas skynbaar veilig is en ook gemaak dat hy wegkom. Hy het ook om die huis gehardloop en besef dat sy baas nou skynbaar in die huis is. Geen probleem nie - daar is mos 'n oop venster! Maar die gegil van daardie spul vroumense toe Jock deur die venster seil, het seker die leeu self laat vlug. Want almal het gedink dis die leeu wat so deur die venster spring!

Die klomp moes maar mooitjies in die toe huis sit en wag totdat klein Alex en Ben later opgedaag het en op 'n manier die leeu weer terug in sy hok kon kry.

Maar mettertyd het die leeu vir klein Alex en Ben gewoond geraak. Hy was nog wild vir ander mense, maar hulle twee kon hom redelik gemaklik hanteer. Soos hierdie leeu egter groter geword het, het iets anders 'n al groter probleem geword: om 'n volwasse leeu van kos te voorsien, het al moeiliker geraak - veral in 'n plek soos Tzaneen, waar wild al skaars was. Om vleis te koop, was hopeloos te duur, en die jagplek was 'n hele ent weg in die Laeveld, en daar moes al hoe meer jagte gereël word om vir hierdie leeu van kos te voorsien.

Totdat die twee broers naderhand 'n briljante plan kry - hoekom moet hulle altyd gaan jag, die leeu kan mos self vir hom kos gaan vang! En dis hoe hierdie leeu elke kort-kort wildtuin toe geneem is, waar die rooibokke mak en volop was. Hulle sou telkens die leeu agter in die kar laai, wildtuin toe ry, en waar hulle wild teen die pad kry, die agterdeur oopmaak dat die leeu vir hom 'n bok kan gaan vang.

Hierdie plan het goed gewerk, maar eendag het dit reperkussies gehad wat nogal wyd opslae gemaak het.

In daardie dae het die wildtuin se veldwagters hulle patrollies deur die wildtuin te perd gedoen. Een keer toe Alex en Ben weer met die leeu in die wildtuin was, hoor hulle perdepote naby hulle, net om die draai. Dis nou nét nadat hulle die leeu uit die kar gelaai het. Nou moet hierdie leeu weer vinnig in die kar terug gekry word - daardie veldwagter is naby!

Maar die leeu wil nie terug in die kar nie - hy het mos nog nie sy ete gevang nie! Nou gee dit 'n taamlike gestoei af - Alex en Ben stoot van agter af, en die leeu probeer sy bes om weer uit die kar te kom - om sy bok te gaan vang!

En dis op hierdie toneeltjie wat die wildwagter afkom toe hy met sy perd om die draai kom. Maar hy *briek* daardie perd dat die perd op sy agterpote staan, krink die perd om en jaag weg so vinnig as wat daardie perd kan hardloop. Want met sulke wilde manne sukkel mens nie - veral nie as jy nog boonop alleen is nie. Ek meen, het hy nie met sy eie oë gesien hoe hierdie twee manne 'n wilde leeu wat hulle in die wildtuin gevang het agter in hulle kar in wil laai nie? Hy kon duidelik sien hoe spook daardie leeu om uit die kar uit te kom, maar hierdie rowwe twee manne vat nie nonsens nie en forseer hom in die kar in! Wat sal sulke wilde manne nie met 'n arme veldwagter aanvang as hulle só met 'n groot maanhaarleeu se gal werk nie?

My oorle pa, wat hierdie storie vir ons vertel het, het gesê dat hierdie storie oor die twee willewragtags wat 'n leeu met kaal hande gevang en in 'n kar gelaai het, tot in die parlement 'n draai gemaak het! Die storie is blykbaar deur die parkhoof aan die minister vertel, wat dit op sy beurt in die parlement genoem het.

Die leeu op Doornhoek

Die meisies op Huntleigh stasie

Op 'n stadium toe ons nog gereeld op *Vrienden*, die plaas wat Ossie Osmers en sy seun Neels agter die Soutpansberg gehad het, gejag het, het ons altyd 'n storie gehad waarmee ons gewoonlik ouens wat die eerste keer saam gejag het, mee uitgevang het.

Vrienden grens aan die pad wat van Waterpoort af loop Mopani toe - net aan die anderkant van die treinspoor wat al langs hierdie pad loop. Dan loop die Huntleigh pad deur 'n gedeelte van die plaas, om by Huntleigh stasie by bogenoemde pad aan te sluit.

Huntleigh is natuurlik nie rerig 'n stasie nie, dis meer wat die ou mense 'n "saaidieng" genoem het. So daar is nie voltydse personeel nie en die trein stop net daar as iemand vooraf reël om iets daar op of af te laai. Daar is eintlik net 'n klein geboutjie op Huntleigh wat as "stasiegebou" moet dien. Of liewer, daar was so 'n geboutjie totdat een van die groot vragmotors, wat die Huntleigh pad gery het om die nuwe tolhek by Bokmakierie te vermy, die geboutjie in sy peetjie in gery het.

Huntleigh is naby die hoek van dié gedeelte van *Vrienden* wat noord van die Huntleigh pad lê, en wes van die treinspoor, en is dus nie baie ver van *Vrienden* se opstal af nie, want die opstal is ongeveer in die middel van hierdie noordelike gedeelte van die plaas.

Ons het nie sommer jagters wie ons nie in die jagveld ken nie, saamgenooi op ons jagtogte nie. Sulke ouens kan dalk net dinge aanvang wat die plaaseienaar die hoenders in maak, en dan is ons jagplek miskien in die gedrang. Maar nou bring jagters wie jy goed ken, soms vriende saam wie jy nié ken nie en dis baie maal hulle wat die probleme veroorsaak. Soos een slag met my jagmaat Danwilh gebeur het.

Ek was nie daardie keer saam nie, Danwilh het my net vertel daarvan. Toe hy uit die jagveld kom, kom een van sy jagmaats, die ou wat sy vriend saamgebring het, met 'n baie ernstige gesig na hom toe en sê hulle moet bietjie eenkant toe staan, hy wil vir Danwilh iets vertel. Iets ernstigs. Hy roep hierdie vriend van hom ook nader.

"Jong, daar het nou 'n slegte ding gebeur," sê die ou saggies vir Danwilh, so asof hy nie wil hê die ander ouens moet ook hoor nie. "Hierdie maat van my het een van oom Ossie se Brahmane geskiet, hy het gedink dis 'n koedoe."

Danwilh word yskoud, hy weet hoe erg Ossie oor sy Brahmane is, dis amper soos kinders vir hom.

"Wel, daar is net een ding om te doen," sê Danwilh, "ons moet maar dadelik vir oom Ossie gaan vertel." Neels was nie daardie naweek op die plaas nie.

"Kan ons nie maar stilbly en later die beeskarkas na die vleisfabriek toe vat nie?" vra die nuwe ou.

Danwilh kan die afkeer op sy gesig nie lekker wegsteek nie as hy die ou kortaf toesnou: "Nee, dis nie hoe óns dinge doen nie - ons gaan nou dadelik vir oom Ossie sê en dan gaan laai ons die bees!"

Hy stap ook sommer dadelik na Ossie toe - die ander twee sleepvoetend agterna.

"Ek is jammer, oom Ossie," sê Danwilh toe hulle drie voor Ossie staan, "hierdie ou het per ongeluk een van oom se Brahmane geskiet, hy sê hy het gedink dis 'n koedoe. Oom moet maar 'n prys vir die Brahmaan maak, hierdie ou moet dit maar betaal."

"Ja, dis 'n jammerte," sê Ossie. "Ons moet maar gaan kyk watter een dit is wat hy geskiet het, en dan sal ons besluit."

Hulle klim almal op Ossie se ou Landrover en ry met die paadjie van die huis af weg. Daar word nie gepraat tydens die rit nie, dis maar 'n ongemaklike situasie. Die nuwe ou beduie hoe Ossie moet ry.

"Die bees lê nét om die volgende draai, oom," sê die nuwe ou. Wanneer hulle om die draai ry, lê daar 'n yslike koedoebul! Almal behalwe Danwilh bars uit van die lag, Ossie inkluis. Danwilh sit ongelowig na die koedoebul en staar. Toe het die hele klomp al die tyd agter Danwilh se rug hierdie storie opgemaak om hom 'n bietjie te laat stres - en Ossie was net so deel van die plan as die ander!

Maar wag, dis nie die eintlike storie wat ek wou vertel nie, ek wou mos eintlik vertel van die meisies op Huntleigh. Nou ja, dit is 'n storie wat al 'n lang tyd kom - nog voor ek dikwels op *Vrienden* gaan jag het. Wanneer daar nuwe ouens op so 'n jagtog sou wees, sou een van die jagters dan so deur die loop van die aand op sy horlosie kyk en vra: "Jong, nou wanneer het julle gesê moet ons die meisies op Huntleigh stasie gaan haal?"

Wanneer die nuwe ou dan met meer of minder belangstelling (afhangende van sy graad van getrouheid aan sy vrou/meisie) sou vra: "Watter meisies?", sou hulle hom antwoord:

"O, het jy nie geweet nie? Ons het meisies gereël om saam met ons te kom jag - hulle kom met die trein van Johannesburg af en ons moet hulle by Huntleigh stasie gaan haal." Dit was altyd lekker om die nuwe ou se gesig dop te hou as hulle dan by Huntleigh "stasie" stilhou en hy die ou klein oop geboutjie sien!

Maar die grappie het naderhand afgesaag geraak, selfs ons vrouens, wat ook al saam gespot het oor die meisies van Huntleigh, het al moeg geraak vir die grappie. Maar soms het iemand tog nog af en toe so skuinsweg daarvan gepraat. Soos toe Leon van der Vyver, wat dikwels saam met ons gaan jag het, een keer baie pret daarmee gehad het.

Leon en sy vrou Beryl het dié slag vir 'n Engelsprekende maat van hulle gaan kuier. Daar was nog iemand by wat ook goed bekend was met die ou grappie oor die meisies op Huntleigh. Terwyl die manne by die kroegtoonbank in die hoek van die sitkamer kuier, met die vrouens op die sitkamerstel daar naby, praat Leon en die ander ou ook oor hierdie Huntleigh meisies.

"Wat se meisies is dit?" vra die Engelsman belangstellend vir Leon.

Leon verduidelik van die meisies wat met die trein kom wanneer ons gaan jag.

"Sjjt!" sê die Engelsman, "praat sagter, die vrouens kan jou hoor!"

Hy weet nie Beryl en haar vriendin grap al jare lank saam aan hierdie storie nie.

Dan leun die Engelsman vertroulik vorentoe en sê saggies vir Leon: "Jong, ek is nie eintlik 'n jagter nie, maar ek wil ook baie graag saamgaan as julle weer gaan jag!"

Stories op Nzhelele

Ek het 'n paar keer agter die Soutpansberg, daar in ons jagwêreld, gaan visvang ook. By die Nzhelele dam - die pad soontoe draai mos net so 10 kilometer anderkant Masekwaspoort van die Louis Trichardt - Messina pad regs af. Dis nou die hoofpad damwal toe. Daar is 'n ander pad, as jy wil gaan visvang, wat ek ook al gery het, maar daarvan vertel ek eers later.

Ek wil eers vertel van die slag toe 'n ou vriend van my en my Ouboet, Robert Roodt, en sy oorle skoonpa by Nzhelele dam gaan visvang het.

Dit was Desember en bloedig warm agter die berg. Maar as die kurpers byt steur mens jou min aan sulke dinge, jy kan darem mos 'n drinkdingetjie saamvat vir as die dors te erg raak. Dis toe hulle Saterdagoggend by dam die viskaste en ander dinge begin afpak, dat Robert sien hier kom nou 'n ding. Want sy oorle skoonpa pak toe mos een van daai tienmankanne soetwyn daar uit - dié in die glasbottel met die fensie gevlegte affering rondom.

Nou, vir dié wat dalk nie weet nie, so 'n soetwyntjie in daardie warm son is 'n giftige storie. Dit was ook nie baie later in daardie warm dag in nie, toe sit Robert en sy skoonpa elk met 'n allemintige hoofpyn. Iets ergs, kan jy jou maar voorstel.

Robert pak altwee viskaste uit en krap in elke hoekie en gaatjie om te kyk of daar dan nie iewers van 'n vorige geleentheid 'n ou hoofpynpilletjie agtergebly het nie. Uiteindelik kry hy, jy kan maar sê in die laaste moontlike plek waar hy kon soek, EEN enkele stokou Disprin - wat hulle toe baie sorgvuldig in die helfte deel sonder dat daar een krummeltjie verlore mag gaan wat dalk net kan help met daardie allemintige hoofpyn.

Elkeen drink toe maar sy helfte, maar soos jy seker kan verstaan, 'n halwe Disprin het nou nie juis veel kans om aan 'n groot man se groot hoofpyn enigsins hond haaraf te maak nie. Veral nie 'n hoofpyn wat deur soetwyn en warm son veroorsaak is nie.

Ewentwel, so moes hulle toe nou maar die dag en die hoofpyn deurswoeg en maar uithou, want die kurpers byt! Maar die volgende dag, toe hulle by die huis terug is en die kurpers almal skoongemaak en in die vrieskas is, sê sy skoonpa vir Robert, terwyl hy behaaglik in die sitkamerstoel insak, "Robert, bring nou vir ons daai kan wyn - nou kan ons drink, ons is mos nou naby die pille!"

Op 'n stadium, toe my twee kinders onderskeidelik so twee en vier jaar oud was, bly ons in een van die huisies op die staat se bosbou plantasie op Timbadola. Dit is in die berg noordwes van Levubu, in die Entabeni staatsbos. Die destydse hoof van hierdie plantasie was Willem de Villiers, en ons het later groot vriende geword. Willem was baie lief vir visvang, en ons het soms by van die damme daar op die plantasie gaan visvang.

Ek was op daardie stadium 'n baie meer aktiewe visterman as vandag. Bo in die berg bokant Timbadola was daar 'n pragtige dammetjie, waar ek baie middae in die somer stoksielalleen gaan visvang het wanneer ek van my werk in Venda af teruggekom het.

Dit was wonderlik om in die namiddag daar te sit en visvang, as jy doodstil gesit het, het die groot bosbok ramme dikwels aan die oorkant van die dam kom water drink, en kon ek my verlustig daarin om hierdie pragtige bokke te bekyk. Wanneer die son daardie vel op 'n sekere manier gevang het, het dit soos bruin fluweel gelyk.

Ek het ook dikwels met 'n selfgemaakte 'popper', wat ek uit 'n kurkprop, 'n lang hoek en 'n tarentaalveer gemaak het, swartbaars daar gevang. Jy gooi die popper in, wag so 'n minuut of wat, en tel dan net die visstok se punt op totdat die stok regop is en katrol dan die stukkie lyn weer in terwyl jy die visstok weer laat sak. Dan wag jy weer en herhaal die proses na 'n rukkie.

Omdat ek die kurkprop aan die voorkant holvormig gemaak het, het dit so 'n plopgeluid gemaak wanneer dit naderkom. Nege uit die tien keer het die swartbaars die popper hier teen die oewer gevat - maar met 'n groot spoed sodat die vatslag soos 'n pistoolskoot in die stilte geklink het. Die eerste keer toe dit gebeur het, was hierdie klapgeluid so onverwags sodat ek so geskrik het dat ek vergeet het om vas te kap!

Op 'n dag, toe ons weer by Willem kuier, vra hy: "Wanneer gaan ons 'n slag bietjie vir 'n naweek op Nzhelele visvang?"

"Ek is enige tyd reg," sê ek, "reël dit net en ons gaan."

"Nou kom ons gaan sommer volgende naweek," sê Willem, "ons ry almal saam in my kombi. Elkeen vat sy eie tent en kamp-goed, en die vrouens kan reël wat se kos ons moet saamvat. Ons vat af by die werk sodat ons Vrydagmiddag tweeuur hier kan ry"

So kom dit dat ons die volgende Vrydagmiddag die pad vat Nzhelele toe. Nie die groot pad deur die tonnel nie, nee, Willem ken 'n pad van Timbadola af deur die berg, en deur Venda om dan van die suidekant af tot in Nzhelele se damkom te ry.

Dit is besonder pragtige natuur waardeur ons ry. Die grond bergpaadjie gaan deur digte bosse, boomvarings en bergstroompies, met kort-kort klein watervalletjies langs die pad. Daar is pragtige bome oral langs die pad. Wanneer ons deur die bos-gedeelte is, kry ons oral Venda statte langs die pad, in die groen heuwels. Dis duidelik nog die meer tradisionele Venda's wat hier bly. Hulle blyplekke is skoon en netjies en baie kleurvol. En almal is baie vriendelik, hulle waai en groet luidrugtig as ons verbyry.

Uiteindelik kom ons by die Nzhelele dam aan - ons ry deur 'n paar kleiner droë inlope in die damkom in tot teen die water. Ons stop en begin aflaai.

"Waar slaan ons die tente op?" vra ek vir Willem.

"Ek gaan my tent sommer hier naby die kant opslaan," sê Willem, "ons wil mos visvang en saam met ons gesinne kuier op dieselfde tyd."

Ek slaan my tent so vyf tree van die waterkant af op - so tien tree van sy tent af. Wanneer ons kampterrein na ons sin is, is dit ook al laterig die middag. Dan begin ek en Willem ons visvang goed regkry en ons gooi in. Ek kry nie rerig te veel kans om self vis te vang nie, ek bly omtrent heeltyd besig om die kinders te help met hulle visstokkies. Ek is net klaar om vir Gerhard aas aan te sit, dan sit Estelle se lyn weer in 'n bos vas. Sy is eintlik nog heeltemal te klein vir 'n visvangery, maar dit beteken nie dat sy nie wil nie!

Maar dit bly lekker, en as ons die aand om die kampvuur sit en vleis braai, het Willem darem al drie mooi kurpers gevang en ek een. Na 'n heerlike ete gesels ons nog 'n bietjie om 'n beker koffie, en gaan kruip dan vroeg in. Ons wil more oggend vroeg begin visvang!

Iewers in die nag begin dit skielik reën - sonder die waarskuwing van weerlig of donderweer. Of as daar donderweer was, het ons dit nie gehoor nie - ons het seker te vas geslaap. Maar dit reën ordentlik! Soveel so dat ons wakker word daarvan en bekommerd lê en luister - ons is náby die water!

Wanneer ons die volgende oggend wakker word, reën dit nog steeds. As ek uit my tent uit loop, trap ek in die water in. Die water het opgestoot tot teen die tent - trouens die water is reg rondom die tent! Die igloe tentjie wat ek het, het 'n vloer wat 'n eenheid vorm met die tent en by die deur kom dit op tot so 15 sentimeter hoog. Die water het so gestyg dat die water amper by die tent se deur wil inloop!

Nou is ons rerig bekommerd. Hoe gaan ons hier uitkom? Toe ons gekom het, het ons deur seker vier inlope gery, wat droog was. Hierdie inlope gaan nou almal vol water wees!

In die reën breek ons kamp op en pak al die nat en modderige tente en kampeertoerusting in die kombi. Dan begin ons gly-gly terugry - ons moet so vinnig moontlik hier uitkom - dis te sê as ons kan! Dan sien ons twee manne met 'n Landrover. Wat 'n geluk! Nou kan ons agter hulle aanry en hulle kan ons deur die inlope sleep as ons vasval!

Willem gaan praat met die manne en kom klim terug in die kombi.

"Hulle sê dit is reg," sê hy toe hy wegtrek, "ons kan agter hulle aanry. Maar ek wil nou nie snaaks wees nie, maar daardie twee manne lyk nie vir my juis nugter nie!"

Sjoe, twee dronk manne en dis nog baie vroeg in die oggend! Hulle moes die hele nag deur gedrink het om nou nog dronk te wees. Maar ons is nietemin dankbaar dat hulle daar is, nou sal ons darem definitief hier uit kan kom!

Maar hierdie was dalk 'n voorbarige aanname, kom ons baie gou agter. Want hierdie twee manne met die Landrover is nie dronk nie - hulle is sommer stormdronk! Dit sien ons wanneer die een ou net 'n entjie verder uit die Landrover klim, en sommer daar oop en bloot voor ons almal staan en water afslaan. Maar hy wieg so heen en weer dat ons bevrees is hy gaan omval nog lank voor hy klaar gepiepie het.

Wanneer hulle verder ry, ry hulle met sulke dronkmans esse dat ons maar liefs 'n hele entjie agter hulle ry, dis miskien nie so heel raadsaam om té naby hulle te ry nie. Netnou sit dit die ou die Landrover in trurat in plaas van eerste en ry in ons vas.

En ons wonder al meer of hierdie twee dronk manne rerig in staat sal wees om ons deur die inlope te sleep as dit nodig sou wees. En ons het reg gewonder, want toe ons uiteindelik uit die damkom uitry en weer dankbaar op die pad terug Timbadola toe kom, het ons Volkswagen kombi daardie Landrover deur al vier inlope vol water gesleep!

'n Troue in die berge

Ek het nou maar eenmaal die besluit geneem om maar eerder die troue by te woon en nie permanent in die Kaokoveld te gaan bly nie - dis nou my eie troue. Nou is daar 'n wet op die wetboeke wat sê dat jy maar enige tyd 'n klip in die lug mag opgooi, maar jy is verantwoordelik vir daardie klip totdat dit weer op die grond beland - of dalk op 'n ander ou se kop vóórdat dit op die grond beland. Waar jy natuurlik dan vir die ou se kop ook verantwoordelik sal wees, of dit wat daarvan oor is.

Net so het ek, as gevolg van daardie Kaokoveld besluit, ook 'n verantwoordelikheid wat ek nou nie juis kan los nie. En as hierdie *Verantwoordelikheid* dan op haar onweerstaanbare liefie-diefie manier aandring daarop dat ek die storie van my troue in 'n jagboek moet invoeg, is daar nie juis iets wat ek wetlik daaraan kan doen nie. So enigiemand wat dalk 'n beswaar mag hê - ek sal vir julle haar e-pos adres gee. Wat sy waarskynlik dan aan my sal "forward", aangesien ek natuurlik die verantwoordelike persoon is.

Maar miskien is dit dalk in elk geval nie so 'n slegte idee om hierdie storie hier te skryf nie - dit was per slot van sake die afsluiting van ses en 'n half jaar wat ek in Suidwes gewerk het. Mens kan maar sê dit was so 'n soort van 'n tot siens sê aan al die ver plekke waar ek dikwels gewerk het.

Dis darem snaaks hoe mens partykeer 'n besluit wat jou 'n leeftyd kan bind, sommer so in 'n oogwink kan neem. Die *leeftyd* nou as jy 'n boerseun is en nie 'n Hollywood Amerikaner nie, en die *oogwink* in hierdie geval drie maande. Dit is hoe lank ek en Mariette mekaar geken het voordat ons besluit het om te trou. Dit toe ek 'n werk in Suid Afrika gekry het en ons besluit het so 'n ver vryery oor landsgrense heen gaan nie werk nie. In hierdie drie maande het ons mekaar natuurlik ook net af en toe gesien, want ek was meesal in die veld in hierdie tyd.

Die Donderdag voor die troue was ek nog in die Kaokoveld. Vrydag 24 Augustus 1979 ry ek vir oulaas uit Windhoek weg Keetmanshoop toe, en daarvandaan na my (toe) aanstaande skoonpa se plaas *Berghof* in die Karasberge, so 80km uit Keetmanshoop waaraan jy twee ure lank ry. Ek kom laat middag op die plaas aan. Al my aardse besittings is op my Datsun bakkie - seker die helfte daarvan is boeke.

Die entoesiasme waarmee my aanstaande bruid my groet, laat my dadelik besef dat sy my alreeds goed genoeg ken, en dat hierdie entoesiasme deels te doen het met haar groot verligting dat ek darem wel opgedaag het vir die troue.

Al my familie is alreeds op die plaas. Dis nou my ma en pa, my twee broers met hulle vrouens en ouboet se twee dogtertjies, en my twee sussies. Dan het my skoonsus Annie se broers Johan en Jannie ook nog saamgekom. Hulle het almal met 'n Toyota bussie wat hulle gehuur het, al die pad van Tzaneen af gery. Hulle het die bussie terstond *Hessie se witperd* gedoop, omdat my ma se naam Hester is.

Dat hulle hierdie moeilike 30 kilometer lange paadjie vanaf die teerpad deur en in die berge na *Berghof* toe reggekry het, sê nogal baie. Veral as jy in ag neem dat daar oral paadjies is wat afdraai, en dat jy die enigste bordjie op die paadjie, by oorle oom Dries se huis, moes probeer verstaan. Wat oom Dries, wat nie juis self kon skryf nie, jare gelede deur 'n Vambo op 'n houtplank laat verf het. Want wat beteken *Berghof renkerkant* nou eintlik? Is dit nou die regterkantste of linkerkantse paadjie wat jy moet vat om by Berghof uit te kom? Want die houtbord wys mooi tussen die twee paadjies.

Maar hulle het daar uitgekom, ten spyte daarvan dat *Hessie se witperd* so laag en volgelaai was dat sy (of is dit haar?) pens kort-kort op die slegte klipperige paadjie wou deurskuur. En toe moes hulle seker omtrent soos die destydse sprinkaanplaag in Egipte op my skoonmense toegesak het - mense wie hulle nog nooit ontmoet het nie! Want elke hoekie en gaatjie van elke gebou op *Berghof* was volgepak toe ek daar aankom.

Toe ons klaar gegroet het, moes ek uitvind dat dit nie sommer net vir trou is nie - daar was nog eers sekere verpligtinge wat 'n voornemende bruidegom moes nakom vóór hy daar in die kerk saam met sy bruid kon gaan staan. Soos byvoorbeeld dat hy eers die dominee moes gaan sien, en sekere dokumentasie moes afhandel en so. So is daar in my afwesigheid reeds 'n afspraak gereël vir die volgende oggend agtuur sodat die Dominee eers 'n vaderlike gesprek met my en Mariette kon voer - in die vaste vertroue, wat deur baie gebede versterk moes word, dat ek wel sou opdaag vir die troue.

Die aktiwiteite daardie aand op die plaas kan met net een woord beskryf word: *Koorsagtig!* Want soos dit vir my gelyk het, was helfte van die kosse en dinge vir die troue nog nie gemaak nie. Trouens, ek het tot twee uur die volgende oggend by die klomp vrouens gesit en kitaar speel terwyl hulle die kosse voorberei. Want alles vir die troue het my skoonma self gedoen - die laaste bietjie natuurlik darem met behulp van die versterkings wat met *Hessie se witperd* opgedaag het.

Die getal mense waarvoor kos gemaak moes word, was ook nogal 'n onbekende faktor. Ek en Mariette het elke troukaartjie self gemaak, sy het 'n waterverfskilderytjie voor op elke kaartjie gemaak, en ek het die inligting oor die plek en tyd van die troue binne in die kaartjie in die vorm van 'n gediggie geskryf - elke persoon het sy eie unieke kaartjie gekry - daar was nie twee kaartjies wat dieselfde was nie. Maar as gevolg van die tydsbeperking tussen kaartjie en troudatum, kon niemand juis terug laat weet om te sê of hulle wel kom of nie. So getalsterkte aannames was die enigste manier, en ek moet sê, hierdie aannames was rerig nie ver uit nie.

Die volgende oggend sesuur ry ek en Mariette van die plaas af weg Keetmanshoop toe, om die afspraak met die Dominee om agtuur na te kom. Eers praat die jong dominee met Mariette alleen, dan met my alleen en dan met ons altwee saam. Ernstig. Maar ek skrik nog nie, miskien kom die skrik dalk as ons in die kerk instap. Vir my én die Dominee, want dis die eerste troue wat hy moes waarneem.

Na 'n bietjie meer as 'n uur is ons klaar. Ek gaan laai vir Mariette by die haarsalon af waar iemand haar sou kom oplaai as sy klaar is. Daarvandaan ry ek reguit na die Union hotel toe, waar ek afgespreek het om my vriend en strooijonker, Rudi Gaike, te ontmoet. Ek kry hom op die hotel se stoep.

"Kan ek vir jou 'n whisky bestel, jy het dit seker nodig na so 'n sessie met 'n dominee?" vra Rudi nadat ons gegroet het.

Ek was nog nooit juis 'n ernstige drinker nie, veral nie halftien in die oggend nie, maar wat gaan ons nou anders doen totdat ek so halfdrie moet gaan aantrek vir die troue? Dit gaan nie help om terug plaas toe te ry nie, net soontoe en terug sal vier ure duur. Buitendien is al die werk daar klaar gedoen - die garage op my aanstaande skoonpa se ander plaas *Erasmusputs*, wat grens aan *Berghof*, is blykbaar al die vorige dag klaar opgetof. Dus antwoord ek vir Rudi: "Ja, bestel maar, maar net 'n enkel whisky met water en ys."

So het ons toe maar daar op die Union se stoep gesit en whisky drink. Ons kon die NG kerk, waar die troue sou plaasvind, mooi sien van die stoep af - dit was net 'n ent laer af aan die oorkant van dieselfde straat. Na die eerste whisky, bestel ons nog een.

"Ons moet net daardie kerktoring dophou," sê ek vir Rudi, "ons kan maar whisky drink totdat ons sien daardie kerktoring begin 'blur', dan moet ons stop." So kuier ek en hy lekker op daardie stoep.

Net na eenuur kom my familie by die hotel aan met *Hessie se witperd*. Hulle het skynbaar 'n kamer by die hotel gehuur waar almal kan aantrek vir die troue. Die vrouens gaan dadelik hotelkamer toe, die mans kom sit by my en Rudi.

"Jy sal dadelik iets moet kry vir jou senuwees", sê Ouboet Gerhard, "Kroegman!", bulder hy, "bring vir hierdie manne elkeen 'n dubbel whisky!" En ons is skaars klaar, of hy bestel nog een.

Na hierdie tweede dubbel whisky kom een van my sussies ons gelukkig roep om te sê dis nou ons mans se beurt om te gaan aantrek. Ek kyk veiligheidshalwe nie weer na die kerktoring se kant toe as ek my kerkpak uit my bakkie gaan haal nie. Wat sal dit in elk geval nóú help as ek sien dit 'blur'?

Nadat ons klaar aangetrek het, loop ek sommer af kerk toe. My familie gee die kamersleutel af by die hoteltoonbank en ry met *Hessie se witperd* kerk toe. Rudi ry met sy kar kerk toe. As gevolg van 'n oorsigfoutjie aan die bruidegom se kant, wat nie vooruit daaraan gedink het om 'n troukar te reël nie, sal Rudi se grasgroen Ford Cortina maar hierdie erewerk moet doen. Ten minste is dit darem amper nuut. En skoon gewas.

Wanneer Rudi by die kerk aankom en beduie word waar die bruid opgelaai moet word, kom die vrouens agter dat die linte vir die troukar in die hotelkamer vergete gebly het.

Nou moet my broer Jopie baie haastig terug hotel toe om die linte te gaan haal. Maar daar is niemand by die hoteltoonbank om die sleutel by te kry nie. Jopie bekyk die hotelkamers van buite af - daar is 'n muur tussen die straat en die hotelkamers se vensters, met 'n beton paadjie onder hierdie vensters. Hy loop op hierdie paadjie tot by die kamer waar ons aangetrek het, se venster.

Wanneer hy sy een been deur die venster sit om deur te klim, is daar 'n gilletjie van binne die kamer af deur 'n meisie wat haastig toemaak - dié liggaamsdele wat sy vermoedelik verkies nie gesien mag word nie. Veral nie deur 'n vreemde man wat deur haar venster wil klim nie. Al het hy nou ook 'n kerkpak aan.

"O, jammer, verkeerde kamer!" sê Jopie galant en loop verder tot by die volgende kamer. Hy klim deur daardie venster, kry die lint en gaan veiligheidshalwe nie met dieselfde pad voor die meisie se venster terug nie.

Gelukkig is dit mos tradisie dat die bruid laat moet wees - en dit pla niemand nie. Ek het in elk geval nie 'n bekommernis van 'n dag oud nie - ek is so kalm soos 'n daggawalm na al daardie baie whisky. Mariette kan ook nie bekommer oor iets nie, want sy kan niks sien om haar oor te bekommer nie - haar ma wou nie hê dat sy met 'n bril op haar oë trou nie en die kontaklense wat ons in Windhoek bestel het, het nie betyds opgedaag nie. En sonder 'n bril is haar sig bitterlik beperk.

Die enigste een in die kerk wat sigbaar gestres is, is die Dominee. Maar mens kan dit verstaan - dit is sy eerste troue en hy het nie die voordeel van 'n hele klomp doppe whisky gehad om hom te kalmeer nie. Dis jammer, want dit sou ten minste gehelp het dat sy hande nie so bewe nie!

Maar my bruid lyk soos 'n engel, al kan sy dit nou nie self sien nie - nie eers in 'n spieël nie.

Na die troue en gelukwense, ry al die kerkgangers met hulle voertuie terug plaas toe. Iemand anders ry met my bakkie, ek ry in die troukar. Eers om kwart voor sewe die aand stop die laaste kar op *Erasmusputs*. Want party mense se lae karre is nie juis gebou vir die bergpaadjie nie en hulle moes *baie* stadig ry.

Wanneer die mense gaan sit by die tafels, kom skoonma agter dat al die vleis op *Berghof* vergete gebly het. Nou moet dit eers gehaal word. Annie se broer Johan bied aan om vir skoonma Berghof toe te vat. Enigste probleem is: alhoewel die twee plase grens aanmekaar, is dit maklik 'n uur en 'n kwart se ry *Berghof* toe en terug. Want hoe hou 'n mens al die mense besig in die tussentyd?

Die seremoniemeester maak 'n paar grappies, en nog 'n paar, en dan 'n paar baie floues - maar skoonma hulle is nog nie terug nie - en die mense wag! En omdat skoonma nie daar is nie, kan die heildronk op die bruid se ouers ook nie voortgaan nie. En dit sou nie werk om solank met die ander heildronke aan te gaan nie.

Toe die gewag naderhand ongemaklik begin raak, kom vra my ma of ek nie iets kan doen nie. Ek vat my kitaar en bekfluit, sit my arm om my pragtige nuwe vroutjie met die kitaar agter haar rug, en begin 'n wals op die bekfluitjie en kitaar te speel, terwyl ek terselfdertyd met haar dans. En ek sing ook nog tussenin: Anton Goosen se *Kruidjie roer my nie.* En die ander mense begin saam dans.

Gelukkig kom Johan en skoonma darem daar aan na die derde dans. Johan het, volgens my skoonma, soos 'n besetene op die bergpaadjie tussen die kaiingklippe gejaag en die rit in 'n rekordtyd afgelê. Nou kon die heildronke begin en daarna kon die mense begin eet. Na die ete moet ek my toespraak hou, met die normale tussenwerpsels van almal, soos dit mos maar gewoonlik gaan. Maar al die goeie whisky is nog nie uitgewerk nie en ek praat hulle gou stil. Sommer so uit die vuis uit.

Dan begin die dans. Ek en vroutjie open die baan vir 'n tweede keer, en dan val meer mense in. Met die tweede dans sien ek: hier kom moeilikheid. Dis my nuwe swaer Mana, (Mariette se suster Adri se man) en hy hou hierdie moeilikheid, wat duidelik vir my bedoel is, in sy hand. Dit is 'n 'draft' bierbeker, driekwart vol skoon brandewyn!

"Jy het mos nie 'n 'bachelor's party' gehad nie," sê hy vir my, "Jy was mos in die bos - so nou gaan jy hierdie beker uitdrink!"

Ek het nog nooit brandewyn gedrink nie - verpes die smaak daarvan. En nou moet ek hierdie grote beker skoon brandewyn uitdrink!

"Jy maak 'n fout as jy dink ek het nie 'n 'bachelor's party' gehad nie," probeer ek nog keer, "ek het seker vyf sulke partytjies gehad, want by elke plek waar ons op ons laaste trip gekom het, het my baas vir al die mense vertel ek gaan trou, dan het almal sonder uitsondering net daar vir my 'n 'bachelor's party' gegee."

Dit is die waarheid, maar ek kan sien dit gaan my niks help nie, hy is gedetermineerd om my ook net so dronk soos hyself te kry. Of nog heelwat dronker. Ek drink totdat ek voel die goed gaan nou by my neus en ore uitloop. Daar is nog minder as 'n kwart van die beker se brandewyn oor. Maar gelukkig maak brandewyn jou sterk. En hardegat. Want toe hy my wil dwing om die laaste bietjie ook te drink, sê ek:

"Nee, nou drink jy hierdie res op. Ek is nou klaar, so, drink as jy nie 'n sissie is nie!"

Hy drink die beker leeg.

Nou sien ek, as ek nie baie gou wil omval nie, sal ek nou al hierdie petrol moet opgebruik. En daar is net een manier hoe om dit te doen: **Dans!**

Dus gryp ek my bruidjie en ons begin dans - ons sit nie een dans uit nie en ek dans met soveel energie dat die sweet my naderhand aftap. Maar ek val nie om nie.

Halfeen daardie nag kan ek voel daardie driekwart draft beker petrol is nou opgebruik. En al my energie ook. Nou wil ek gaan slaap.

Maar nou is daar 'n ander probleem.

Wie ook al die reëlings so getref het, het miskien nie so mooi gedink nie, want daar is vooraf gereël dat ons ons eerste huweliksnag in die opstal op *Erasmusputs* sou slaap. Die huis het nie meubels in nie, maar daar is vooraf 'n dubbelbed spesiaal vanaf *Berghof* aangery spesifiek vir hierdie doel. Maar die een wat dit gereël het, het nie daaraan gedink dat ons dan nou miskien eers sou kon gaan slaap nádat die laaste dronk ou op die paartie eers gery het nie!

Nie dat die bed in elk geval meer 'n kwessie is nie, want dit het nou skielik verdwyn! Ons vermoed Mana het dit dalk weggesteek. Maar hierdie vaalseun is nou moeg. Want met net drie ure se slaap die vorige aand, en na 'n klomp whisky en 'n klomp brandewyn en 'n paar ure se intensiewe dans, is my sin vir humor nie meer so heeltemal dieselfde as wat dit dalk vanoggend op die Union se stoep was nie.

Maar, dis darem nie 'n te groot probleem nie, al my slaapgoed is mos altyd agter op my bakkie. Ek gryp my nuwe vroutjie aan die hand en pluk haar agter my aan bakkie toe. Miskien 'n bietjie té vinnig, want haar een skoen se hak breek morsaf as gevolg van haar skielike rigtingsverandering.

Wanneer ons by die huis se deur uitgaan, keer my skoonma my voor: "Jy kan nie my dogter in hierdie koue laat buite slaap nie, sy het nou die dag longontsteking gehad!" sê sy kwaai.

Maar teen hierdie tyd is ek darem al goed moerig, om dit nou op goeie Afrikaans uit te druk.

"Ma," sê ek vir haar, "sy is nou nie meer má se dogter nie, sy is nou mý vrou!" en ons klim in die bakkie en ek ry - met die pad terug dorp se kant toe.

Ons ry deur die sandrivier naby die opstal en teen die hoogte anderkant uit. By die eerste plaashek wat ons kry, draai ek regs teen die lyndraad af en ry in die veld in. Die bakkie wil nie rerig so lekker ry nie - dis die een kaiingklip op die ander, maar ek ry maar so stadig aan totdat ek nie meer kan nie.

Dan stop ek en maak 'n plek voor die bakkie so min of meer skoon deur al die kaiingklippe te verwyder, waar ek dan my komberse oopgooi sodat ek en my bruidjie daarop kan slaap. Toe ook nou nie so hééltemal sonder klippe nie, kom ek die volgende oggend agter nadat ek sien dat ek heel nag met 'n groterige kaiingklip onder my rug geslaap het! Maar ons eerste huweliksnag kon ons darem onder die helder Suidwes sterre deurbring -

vir my vir oulaas, net soos ek honderde nagte in die afgelope ses en 'n half jaar gedoen het.

Maar alles lyk vanoggend pragtig. Die helder Augustus sonnetjie verf die berge rondom, die grasse, struikbosse en kaiingklippe in verskillende pragtige kleure. My bruid lyk stralend en pragtig, al het sy geen hulpmiddels soos oorlogsverf om aan haar gesig te sit nie. En ons voel verbasend goed, die dansery moes baie effektief gewerk het, want ek voel absoluut geen newe effekte van al die baie alkohol wat my arme lewer gister moes verwerk nie.

Maar ons is baie lus vir koffie, wat ek nie maklik sal kan maak nie, want my keteltjie en koffie is baie diep in daardie vrag agter op die bakkie gepak. Daarom ry ons maar terug in die rigting van *Erasmusputs*.

In die sandrivier kry ons 'n tentjie. Dis my vriend Tobie van Wyk, 'n geoloog, wat ook by my troue was, wat die aand daar geslaap het. Voor die tentjie brand 'n vuurtjie, en op hierdie vuurtjie staan presies dit waaraan ons vanoggend 'n groot behoefte het: 'n blinkswart keteltjie vol moerkoffie! Nadat Tobie 'n brandende stompie in die ketel gedruk het om die moer te laat afsak, drink ons elkeen 'n groot beker koffie, dan ry ons deur die rivier en dan die entjie tot by *Erasmusputs* se opstal. Hier sal seker nou niemand wees nie, die mense sal nie so vroeg weer hier uitkom na gisteraand se laatnag paartie nie.

Maar ons is verkeerd, daar is tog iemand. Want daar staan my skoonpa se bakkie en Mana se Landcruiser. Maar hulle het nie so vroeg teruggekom nie, kom ons agter as ons in die slaapkamer kom. Want in ons huweliksbed lê Skoonpa en Skoonma nog en slaap. Met hulle trouklere aan. Skoonma met haar grênd rok en skoonpa met sy kispak, albei met taamlik verlepte wit angeliertjies nog aan die bors vas-gespeld.

Ons loop na die ander kamer toe. In die een hoek van die kamer lê Mana en Adri op 'n paar ou goiingsakke op die grond en slaap - ook nog met hulle trouklere aan. En in die ander hoek, bo-op 'n klomp goiingsakke wat hoog opgestapel is, lê hulle babatjie rustig en slaap!

Op Berghof was daar nogal 'n taamlike deurmekaarspul vroegoggend, hoor ons toe ons uiteindelik daar aankom. Want almal wat opstaan wou brekfis en koffie hê, maar met die huismense afwesig, het niemand geweet waar om te soek vir enigiets nie en wat hulle mag vat en wat hulle moet los nie. Seker dié dat hulle so bly lyk om ons te sien!

Maar nou ja, as mens nou agterna die spulletjie van ver af bekyk, het alles op die ou end seker darem tóg goed afgeloop. Ek en my vroutjie is immers na amper ses en dertig jaar nog steeds bymekaar. En sy is nog steeds pragtig!

Berghof

Die paadjie na Erasmusputs

www.ingramcontent.com/pod-product-compliance
Lightning Source LLC
Chambersburg PA
CBHW071505040426
42444CB00008B/1502